열두 살 궁그미를 위한

윤리학 수업

열두 살 궁그미를 위한
인문 교양
윤리학 수업

초판 1쇄 발행   2024년 11월 25일

글쓴이   스티네 옌선 · 엘리 루스트
그린이   마레이커 클롬프마커
옮긴이   강재형

펴낸이   이혜경
펴낸곳   니케북스
출판등록   2014. 4. 7 | 제 300-2014-102호
주소   서울시 종로구 새문안로 92 광화문 오피시아 1717호
전화   (02)735-9515 | 팩스 (02)6499-9518
전자우편   nikebooks@naver.com
블로그   blog.naver.com/nikebooks
페이스북   facebook.com/nikebooks
인스타그램 (니케북스)@nike_books
       (니케주니어) @nikebooks_junior

ISBN   978-89-98062-89-7 73100

니케주니어는 니케북스의 아동 · 청소년 브랜드입니다.

책값은 뒤표지에 있습니다.
잘못된 책은 구입한 서점에서 바꿔 드립니다.

어린이제품 안전특별법에 의한 표시사항

제조자명 니케북스 **제조국** 대한민국 **사용연령** 8~13세 **제조년월** 판권에 별도 표기
주소 서울시 종로구 새문안로 92 광화문 오피시아 1717호 **연락처** 02-735-9515
주의사항 책 모서리나 종이에 긁히거나 베이지 않게 조심하세요.

열두 살 궁그미를 위한

윤리학 수업

스티네 옌선·엘리 루스트 글 | 마레이커 클롬프마커 그림 | 강재형 옮김

경찰관
엘리에게 배우는
옳은 것과
그른 것

니케주니어

차례

시작하는 글: 해도 되는 것과 해서는 안 되는 것   7

햄스터를 구해야 해!   11

불법적으로 몰래 촬영하기   23

변명하고 거짓말하기   35

통신 규칙이 필요한 이유   49

쌍둥이 범죄와 쌍둥이 경찰관   59

따돌림과 괴롭힘을 당할 때   71

가난과 도둑질   83

집단에 속할 때 생기는 일들   97

선물일까? 뇌물일까?   105

맺는 글: 착한 일을 한다는 것   115

해도 되는 것과
해서는 안 되는 것

가난하다는 이유로 빵을 훔쳐도 될까요? 위험에 처한 동물을 구하기 위해 남의 집에 함부로 들어가도 될까요? 가족을 위해 대신 벌을 받을 수 있을까요?

어려운 질문이에요. 허용되는 것과 허용되지 않는 것은 법으로 정해져 있어요. 법이 금지하는 것을 하면 범죄 행위예요. 남의 집에 무단침입하거나, 누구를 때리거나, 일부러 물건을 망가뜨리는 것 등이지요. 범죄 행위를 하면 처벌을 받아요.

어린이는 대부분의 나라에서 법적으로 처벌을 받지는 않아요. 어린이가 저지르는 피해에 대한 책임은 부모가 대신 지지요. 그렇다고 어린이라고 하고 싶은 대로 다 해도 된다는 말은 아니에요! 어린이는 법에 따라서 학교에 다녀야 해요. 이것을 '의무 교육'이라고 해요.

어린이는 여권을 직접 만들 수 없어요. 부모님이나 보호자가 대신해 주지요. 부모님과 보호자는 어떤 것은 해도 되고 어떤 것은 하면 안 되는지 가르쳐 줘요. 친구 집에서 놀고 난 다음에는 "고맙습니다."라고 인사를 해야 하는 것이나, 쓰레기를 길거리에 버리면 안 된다는 것들이죠.

학교에서는 규칙이 있어요. 여러 명이 한꺼번에 뒤섞여서 말하면 안 된다는 것, 시험을 볼 때 남의 답안지를 몰래 보면 안 된다는 것, 모든 것은 순서를 지켜야 한다는 것 등이지요. 만약 지키지 않으면 벌을 받을 수도 있어요. 이건 법으로 정해진 것은 아니지만, 우리가 함께 만든 약속이에요.

이 책에서는 옳은 행동과 그릇된 행동을 살펴볼 거예요. 무엇은 할 수 있고 무엇은 하면 안 되는지, 그것을 누가 정하는지 그리고 어떨 때 벌을 받는지도 알아볼 거예요.

각각의 주제는 유명한 여자 경찰관 엘리의 이야기로 시작할게요. 엘리는 약 31년간 경찰관으로 일했고 네덜란드 텔레비전 프로그램 〈누가 두더지일까?〉에 출연했어요. 엘리는 경찰이 하는 일에 관한 여러 가지 텔레비전 프로그램을 만들었는데 대표작은 〈엘리는 순찰 중〉이에요. 지금은 〈오늘의 구급대〉라는 프로그램에서 구급대원이 어떻게 일하는지 설명하고 있지요. 어떤 상황에서 무엇은 해도 되는지 무엇은 하면 안 되는지 확실하게 알고 있는 사람이 있다면, 그건 바로 엘리랍니다!

그런데 엘리가 지금까지 항상 좋은 일만 하고 살았을까요? 엘리도 한 번쯤 벌금을 내지는 않았을까요? 이 질문에 대한 답은 책 속에서 찾을 수 있어요. 긴장감 넘치는 경찰 사건을 들여다보면서 생각해 볼 만한 질문도 만날 수 있을 거예요. 엘리는 경찰로 일하면서 겪은 힘들고 재미있고 가슴 아픈 일들을 들려 주면서, 사건을 조사하고 범죄자를 체포할 뿐 아니라 우리를 보호하고 돕는 경찰의 역할에 대해서도 잘 알려 줄 거예요.

이 책은 해도 되는 것과 해서는 안 되는 것(그래도 그것을 통해 배우는 것은 있겠지요.)만을 다루지는 않아요. 무엇이 좋은 일인지 판단하는 것과 좋은 일을 하기가 얼마나 어려운지 깊이 생각하게 해 줄 거예요.

잘 기억해 두세요. 우리는 모두 가끔 해서는 안 되는 일을 하곤 해요. 무엇이 좋고 무엇이 나쁜지를 아는 것은, 우리가 성장하고 자신이 어떤 사람인지 아는 데 필요해요. 물론 한 번 잘못했다고 당장 나쁜 사람이 되는 것은 아니랍니다. 단지 올바르지 않은 선택을 한 번 했을 뿐이에요. 그리고 우리는 하루 중 언제라도 좋은 일을 하기로 마음먹을 수 있어요!

이 책을 읽으면서 생각하고, 고민하며 또한 즐거울 수 있기를 바랄게요.

스티네와 엘리

햄스터를 구해야 해!

엘리의 이야기

    토요일 저녁이었어요. 저는 그날 야간 근무 중이었는데 애완동물 가게에 무슨 일이 일어났다는 신고를 받았어요. 가게의 진열장 안 커다란 철창에는 햄스터들이 있었어요. 그중 한 마리의 머리가 쳇바퀴 발판에 끼어 있었는데 다른 햄스터들은 계속 쳇바퀴를 돌리고 있었어요. 저는 머리가 낀 햄스터가 너무나 불쌍했어요.

    경찰서에는 그 가게의 비상 연락처가 있었지만 가게 주인과 연락이 되지 않았어요. 가게는 월요일에 문을 닫기 때문에 저는 화요일까지 기다릴 수가 없었어요. 화요일이면 그 햄스터는 처참하게 죽었을 거예요. 가게 문에는 '1마리에 2.5유로'라고 적힌 가격표가 붙어 있었어요. 저는 동료에게 말했어요.

    "문을 강제로 열고 저 햄스터를 구해야겠어. 물론 손해배상금이 햄스터 한 마리보다 수백 배는 많겠지만."

까미(9살) 원래는 그러면 안 돼요. 하지만 저도 햄스터 한 마리를 키우고 있어요. 햄스터는 가게 문보다 싸요. 하지만 문보다 햄스터가 더 중요해요. 그래서 저는 문을 강제로 열고 햄스터를 구하겠어요. 다음 날 가게 주인에게 햄스터를 정말 잘 보살피라고 말할 거고요.

예세(10살) 어떤 동물이 위험에 처해 있는 상황이라면 전혀 문제가 없다고 생각해요. 사람이 다쳤거나 죽을 때 아무도 돌봐주지 않으면 아무도 그것을 좋아하지 않을 거예요.

사라(10살) 동물을 좋아해요. 동물이 죽으면 불쌍해요. 남의 집에 함부로 들어가면 안 되지만, 동물을 구해야 한다면 저는 할 거예요. 특히 강아지를 구해야 한다면요. 저는 강아지를 키우고 있거든요. 이름은 보리스예요. 정말 귀여워요!

페라(11살) 동물을 아주 많이 사랑해요. 우리 집에는 동물이 열두 마리

나 있어요. 닭 다섯 마리, 개 두 마리, 고양이 두 마리, 말 두 마리 그리고 도마뱀도 한 마리 있지요. 딱정벌레 한 마리는 구하지 않아도 상관없어요. 딱정벌레는 작고 아주 많으니까요. 쥐는 항상 귀엽지는 않아서 곧바로 구해 주지 않겠지만, 햄스터는 즉시 구해 줄 거예요.

요나스(11살) 햄스터를 당연히 구해야만 해요. 생명이니까요. 햄스터의 가격이 2.5유로지만, 그보다 훨씬 더 많은 가치가 있어요. 햄스터 가격이 얼마든 살려야 해요.

라르스(16살) 햄스터가 너무 싸다고 생각해요. 햄스터는 살 권리도 가지고 있어요. 햄스터가 고통을 당하고 있으면 고통에서 벗어나게 해야 해요. 저는 햄스터 가격을 더 올리겠어요. 그러면 햄스터의 삶이 얼마나 중요한지 더 잘 깨달을 거예요.

법에는 뭐라고 쓰여 있을까요?

주거 침입

법에는 경찰이 시민의 생명과 재산을 보호하고 지켜야 한다고 규정하고 있어요. 그러므로 다른 사람의 가게 문을 특별한 이유 없이 강제로 여는 것은 안 되는 일이에요. 주인의 허락 없이 안으로 들어가는 것이니까요. 이것을 어려운 말로 '주거 침입'이라고 해요.

우리가 불이 난 집에서 개를 구한다면 개 주인이 싫어하지는 않겠지만, 그것보다는 경찰서나 소방서에 신고하는 것이 먼저예요.

타당성

경찰은 보통 사람보다 더 많은 것을 할 수 있어요. 집 안에 누가 쓰러져 있다면 안으로 들어갈 수 있어요. 그런데 햄스터의 경우에도 그렇게 할 수 있을까요?

이때는 반드시 '타당성'이 있어야 해요. 타당성이란 '그럴 만한 이유가 있는가' 하는 거예요. 동물이 위험에 처하거나, 누가 가스를 켠 채로 가스레인지에 음식이 담긴 냄비를 올려놓아 화재의 위험이 있을 때, 경찰관과 소방대원은 문을 강제로 열 수 있어요. 더 위험한 상황을 막기 위해서죠.

동물 보호 의무

사람뿐만 아니라 동물도 생명의 권리를 가지고 있어요. 사람은 동물을 자기 마음대로 할 수 없어요. 동물은 살아 있는 생명이니까요.

동물의 주인은 동물을 잘 보살펴야 하는 '동물 보호 의무'를 지니고 있어요. 동물법에는 '합리적인 목적 없이 동물에게 고통이나 상처를 주거나 건강과 복지에 해를 입히는 행위를 금지한다'고 적혀 있어요. 매우 복잡하게 들리지만, 동물을 학대하거나 굶기거나 방치하면 안 된다는 말이에요. 만약 동물을 학대하고 방치한 것이 발각되면 벌금이나 징역의 처벌을 받을 수 있어요.

동물 주인은 동물이 만든 쓰레기에 대한 책임도 있어요. 개똥은 반드시 치워야 해요. 그렇지 않으면 벌금을 내야 하지요. 또 동물을 아무렇게나 판매할 수 없고, 천연기념물 같은 동물은 함부로 키울 수 없어요.

동물의 삶의 가치는 얼마나 될까요?

거미와 햄스터

만약 엘리가 가게 문을 강제로 열면 햄스터보다 훨씬 더 많은 돈이 문 수리비로 들어갈 수 있어요. 그래서 망설였던 거죠.

죽어가는 거미나 파리 혹은 모기를 구하려고 가게 문을 부수고 들어갈 사람이 있을까요? 아마 없을 거예요. 모기는 죽게 내버려두지만, 햄스터는 왜 죽게 내버려두지 않을까요?

독실한 불교 신자라면 거미나 모기나 햄스터나 모두 죽게 두어서는 안 된다고 말할 거예요. 사람의 생명이나 동물의 생명은 똑같이 가치가 있다고 생각하니까요. 하지만 대부분의 사람들이 그렇지는 않을 거예요. 물론 동물이 사람을 닮으면 닮을수록, 사람과 오래 함께 살면 살수록, 반려동물처럼 관계가 가까우면 가까울수록 죽게 내버려두는 것은 더 어려워요. 우리는 동물 역시 고통스러워한다는 것을 알고 있으니까요.

동물의 권리를 주장한 철학자

영국의 철학자 제러미 벤담(1748~1832)은 동물의 권리를 처음 주장한 사람 중 한 명이에요. 벤담은 고통을 느낄 수 있다면 똑같은 권리를 갖는다고 생각했어요. 또렷한 의식이 있느냐가 가장 중요하다는 거죠. 그렇다면 아기나 치매에 걸린 사람은 권리를 가질 수 없는 것일까요?

모기와 햄스터 사이에는 차이가 있을 수 있어요. 햄스터가 모기보다 더 많은 고통을 느끼지요. 하지만 확실한 건 아니에요.

동물 복지당

우리가 동물 키우는 사람이라면 어떨까요? 자기의 동물이라면 죽여도 될까요? 답은 '예'일 수도 있고, '아니오'일 수도 있어요. 동물을 일부러 해쳐서는 안 돼요. 그것은 동물 학대이고 처벌을 받을 수 있어요. 그렇지만 동물이 질병이나 사고 등으로 엄청난 고통을 겪고 있다면 주인은 수의사와 상의해 안락사 시킬 수 있어요.

네덜란드는 동물 복지에 대한 기준이 높아요. 이것은 동물의 삶을 중요하게 생각하고 있다는 의미예요. 네덜란드에는 동물 복지를 아주 중요하게 여기는 '동물 복지당'이 있어요. 동물 복지당은 너무 화려한 색의 공 안에 햄스터가 들어가서 달리게 하는 작품을 만들지 못하게 했어요. 동물에 적합하지 않았기 때문이에요. 예술을 위해 동물을 고문해서는 안돼요.

알고 있나요?

햄스터 한 마리의 가격은 5유로에서 15유로 정도예요. 집과 사료는 따로 사야 하고요. 개는 순종이면 꽤 비싸요. 어떤 동물은 다른 동물보다 무척 비싸요. 특별하고 귀할수록 더 비싸죠.

예를 들어 스포츠에서 두각을 나타내는 동물을 사려면 돈을 아주 많이 내야 해요. 과거에 미국의 경주용 말의 가격은 1,600만 달러나 되었어요. 스코틀랜드에서는 몇 년 전 세계에서 가장 아름다운 털을 가진 숫양의 가격이 40만 유로나 될 정도였지요.

경찰마

경찰은 동물을 보유하고 있어요. 네덜란드에는 약 120마리의 경찰마가 있어요. 말들은 경찰마가 되기 위해 특별한 훈련을 받아요. 경찰마는 시위 현장이나 공식 행사 그리고 축구 경기에도 등장해요. 말을 타고 있는 경찰은 다른 사람들보다 더 높은 곳에서 주변을 살펴볼 수 있어요.

경찰마의 특징

　〈엘리는 순찰 중〉 프로그램에서는 엘리가 콜롬비아에서 경찰마를 타고 어떻게 순찰을 다니는지 볼 수 있어요. 콜롬비아에는 말을 타고 거리를 순찰하는 특수 기마대가 있기 때문이에요.

　경찰마는 훈련이 아주 잘 되어 있어요. 경찰마는 건강해야 하고, 스트레스를 견딜 수 있어야 해요. 차들이 많이 오가는 길에서도 잘 걷고, 사람들이 많은 것을 두려워하지 않아야 해요. 보통의 말들은 이런 자질을 가지고 있지 않지요.

　경찰마는 커다란 소리를 듣고도 견뎌야 하고, 행사에서 생길 수 있는 폭력에도 두려워하지 않고 도망치지 않아야 해요. 시위가 있는 곳에서는 특별한 코 보호판과 다리 보호대를 착용하지만, 그래도 다칠 때가 있어요. 그러면 수의사에게 치료 받고 한동안 일을 쉬어야 하지요.

엘리와 햄스터의 이야기는
어떻게 끝났을까요?

우리는 큰 망치를 사용해 애완동물 가게 문을 강제로 열고 들어갔어요. 그리고 햄스터를 꺼내 네 발로 바닥을 다시 딛도록 안전하게 놓아 주었지요. 그때 햄스터가 제 손가락을 물었어요. 얄미웠어요! 부서진 가게 문은 나중에 목수가 다시 고쳤지요. 다행히 수리 비용은 애완동물 가게 주인이 지불했어요.

저는 여전히 그때 그렇게라도 햄스터를 구해야 했다고 생각해요. 단지 햄스터뿐 아니라 그곳을 지나가면서 햄스터가 죽어가는 것을 보게 될 아이들도 걱정되었거든요. 가게 주인은 경찰의 전화를 받지 않았던 걸 사과했어요.

불법적으로 몰래 촬영하기

엘리의 경험

저는 2019년 텔레비전 프로그램 〈위장 잠입〉에서 불법으로 개들을 사고파는 사람을 취재하기 위해 헝가리 부다페스트에 갔어요. 동물을 파는 시장 구석의 자동차 안에 숨어서 강아지가 어떻게 거래되는지 몰래 촬영했지요. 무척 긴장되었어요. 발각되면 큰일이니까요.

저는 동물 거래가 어떻게 진행되는지 사람들에게 알리는 것이 매우 의미 있다고 생각했어요. 동물 장사꾼들은 동물에게 중요한 법들을 위반하고 있기 때문이었지요. 많은 강아지들이 병들고 허약한 상태에서 여기저기 팔려 나갔어요.

카메라로 몰래 촬영을 해도 될까요?

까미(9살) 저도 몰래 촬영한 적이 있어요. 비행기 안에서 아이패드로 어떤 술 취한 사람을 촬영했어요. 스튜어디스가 말렸지만, 그 영상을 지우지 않고 보관했어요. 그 영상에 온갖 필터를 사용했더니 재미있었어요. 온라인에 올릴 수는 없었지만요. 누군가 취해서 이상한 짓을 하는 모습을 영상으로 찍어 이모티콘과 함께 소셜 미디어에 올려서 모두가 보면서 웃는 것은 괜찮다고 생각해요.

예세(10살) 촬영 당하는지 모르는 사람을 촬영해서는 안 돼요. 인터넷에 올려서도 안 되고요. 촬영해도 되는지 항상 먼저 물어봐야 해요. 그런데 그렇게 하지 않아도 되는 상황도 있어요. 누가 범죄를 저지르거나 무엇을 숨기려고 할 때 말이죠. 그리고 그 영상은 온라인에 올리면 안 되지만 경찰에게 전달할 수는 있어요.

페라(11살) 아빠의 모습을 몰래 찍을 수 있어요. 하지만 그것을 온라인에 올리지는 않겠어요. 아빠는 제가 그랬다는 것을 알게 되면 화를 낼거예요. 그런데 모르는 사람을 촬영하면, 그 사람이 저에게 뭐라고 할 수도 없겠지요.

엘리가 개를 사고파는 사람을 몰래 촬영한 것은 잘한 일이라고 생각해요. 엘리가 하지 않았다면, 개 장사꾼은 그 일을 계속했을 것이고 상황이 전혀 나아지지 않았을 거예요. 그 사람이 나쁘다는 것을 알리게 되어서 다행이에요. 우리는 아무도 보지 않을 때는 나쁜 일을 쉽게 해요. 개똥을 치우지 않기도 하지요. 누가 쳐다보지 않는다는 것을 알기 때문이에요. 그래서 누군가가 저를 촬영하고 있다는 것을 알면, 행동을 바르게 하는 데 도움이 될 수 있을 거예요.

법에는 뭐라고 쓰여 있을까요?

뚜렷한 혐의

경찰은 비밀리에 도청하고 미행하고 촬영할 수 있어요. 경찰은 수사를 하며 누가 법을 위반했다는 증거가 필요해요. 그렇지만 확실한 증거여야 해요. 이것을 '뚜렷한 혐의'라고 하고 검찰의 허가가 난 후에만 가능해요. 경찰 스스로 결정할 수 없는 일이지요. 경찰이 허가를 받지 않고 수집한 이런 증거는 법정에서 효력이 없어요.

경찰은 가끔 증거를 찾기 위해 첩보원을 이용하기도 해요. 이것을 '위장 근무'라고 불러요. 위장 근무는 특수 작전팀이 담당해요. 첩보원은 어떤 잘못된 일을 해서 혐의 받는 사람에게 접근해 이런저런 정보를 캐내지요.

통화를 녹음하거나 촬영하는 방법으로 증거를 수집할 때 비밀 촬영 장비는 특수 작전팀이 설치해요. 이런 장비들은 절대 발견되면 안 되기 때문이지요.

촬영할 수 있는 것과 없는 것

경찰뿐만 아니라 우리도 공공장소에서 촬영할 수 있어요. 사고가 발생했을 때 일하는 경찰의 모습을 촬영할 수 있지요. 하지만 다친 사람을 촬영하는 것은 예의에 벗어나는 행동이에요. 다친 사람들은 대부분 촬영을 원하지 않을 것이고 그들에게 승낙을 구할 수도 없어요.

또 누군가의 집에 몰래 들어가거나 정원을 촬영하는 것 역시 안 되는 일이에요. 집주인이 집 주변에 보안용 카메라를 설치할 때는 카메라의 방향이 도로쪽으로 향할 수 없어요. 도로를 오가는 사람이 찍히니까요. 하지만 무엇보다 우리가 정말 하면 안 되는 것은, 몰래 카메라로 촬영하고 그 영상을 온라인에 올리는 거예요.

프라이버시

사람들은 누구나 '개인의 일상 생활을 남에게 간섭받지 않을 권리(프라이버시)'가 있어요. 하지만 연예인이나 정치인들은 프라이버시를 지키기가 어려워요. 사람들이 너무 많은 관심을 갖기 때문이지요. 그들이 어디를 가고, 어디서 살고, 누구와 사귀는지 다들 궁금해하거든요.

카메라를 설치할까요? 말까요?

사진 찍기의 위험

현재 우리는 스마트폰 덕분에 누구나 주머니에 카메라를 갖고 다니는 셈이에요. 모든 것을 카메라로 담을 수 있다는 것은 즐거운 일이지요. 하지만 곤란한 일이기도 해요. 내가 카메라로 모든 것을 찍을 수

있다면, 다른 사람도 내 영상이나 사진을 찍을 수 있으니까요.

만약 엄마가 나를 온종일 촬영하고 있다고 생각해 봐요. 잠에서 깨어 일어나는 순간부터 다시 자러 갈 때까지 말이에요. 그리고 그 영상을 '우리 아이를 너무나 사랑해요'라는 제목으로 인터넷에 올린다면요? 아마 온종일 누가 나를 쳐다보는 느낌일 거예요.

어린이들은 가끔 이상한 사진과 영상을 소셜 미디어에 올려 친구를 괴롭히기도 해요. 친구의 알몸을 찍어 다른 친구에게 보내는 일도 있지요. 암스테르담에서는 13살 아이의 알몸 영상이 학급에 퍼져 그 아이가 스스로 목숨을 끊은 일도 있었어요.

그러니 엄마에게 내 사진을 소셜 미디어에 올리는 것을 원하지 않는다고 말해야 해요. 친구들에게도 마찬가지고요.

감시 카메라

우리 주변 곳곳에는 감시 카메라(CCTV)가 달려 있어요. 감시 카메라는 사람의 행동을 감시하지요. 과속으로 자동차를 운전하거나 빨간색 신호등을 무시하고 달리면 자동차의 번호판 사진이 찍히고 벌금 고지서가 집으로 배달되어요.

마트에서도 감시 카메라를 사용해요. 그 카메라는 누가 물건을 훔치는지 살피지요. 감시 카메라는 경찰의 일을 대신하는 셈이에요. 감시 카메라가 있으면 범죄를 막을 수 있고, 범인도 빨리 잡을 수 있어요. 하지만 우리의 모든 것이 감시 당하는 것은 그리 즐겁지 않아요. 그렇다면 감시 카메라를 모두 없애야 할까요? 대답하기 힘든 질문이에요.

사람들의 프라이버시를 더 지키기 위해 노력하는 사회 단체들도 있

어요. 우리가 다른 사람과 어떤 것을 공유하고 어떤 것을 공유하지 않을지 잘 생각해서 결정해야 해요.

안전과 프라이버시

나라마다 감시가 매우 심한 곳도 있고, 덜한 곳도 있어요. 감시가 심한 나라의 사람들은 스마트폰을 통해 매일 감시 당해요. 예를 들면 중국에서는 코로나19 때 매우 엄격한 이동 제한 규정이 있었어요. 사람들은 항상 스마트폰을 가지고 다녀야 했지요. 코로나에 감염된 사람으로부터 15미터 안에 머물렀다면 신호를 받았고 자가 격리해야 했어요. 규칙을 지키지 않으면 감옥까지 갈 수 있었지요.

또 중국에는 이미 수년간 올바른 행동을 위한 점수 제도가 시행되고 있어요. 여기저기 달린 카메라가 사람들의 행동을 관찰하는 거예요. 만약 개를 산책 시킬 때 목줄을 풀면 감점을 받고 개를 빼앗길 수 있어요.

이때 중요한 두 가지 가치가 서로 충돌해요. '안전'과 '프라이버시'예요. 어딘가에 카메라가 달려 있다는 사실을 알면, 안전하게 느낄 수 있어요. 감시 카메라가 촬영 중이라는 것을 알면 사람들은 올바르게 행동하니까요. 하지만 사람들은 계속 자기를 감시하는 제3의 눈과 함께 살고 싶어 하지는 않아요.

파놉티콘

교도관 몇 명이 많은 죄수를 감시하는 돔 모양의 교도소는 유명해요. 이 교도소는 1791년에 영국의 철학자 제러미 벤담이 제안한 디자인으로 '파놉티콘'이라고 해요. 이곳에서 교도관은 죄수를 볼 수 있지만, 죄수는 교도관을 볼 수 없어요. 하지만 교도관이 보고 있다는 것을 아는 것만으로도 항상 감시당하는 느낌이겠지요. 이렇게 해서 죄수들이 나쁜 행동을 하지 못하도록 막는 거예요.

종교도 비슷한 효과가 있어요. 신자들은 하느님과 알라신, 부처님이 항상 자신을 보고 있으므로 착하게 살아야 한다고 생각하지요.

범죄율

현재 거의 모든 사람이 스마트폰을 가지고 있어요. 그래서 들키지 않고 범죄를 저지르기는 점점 어려워진다고 생각할 수 있어요. 그러나 유감스럽게도 아니에요. 범죄자들은 통신 시스템을 건너뛰는 방법을 알아내 감시를 빠져나가거든요. 게다가 그들은 도청과 촬영이 불가능하도록 하는 장비를 불법적으로 살 수도 있어요.

그럼에도 경찰은 범죄자들이 서로 연락하는 암호를 해독해, 어떤 사람이 범죄를 저질렀다는 것을 증명해 내지요.

경찰 역할을 하는 동물들

경찰은 범죄자를 추적하는 데 동물을 이용하기도 해요. 동물은 날아가거나 지하의 좁은 공간에서 기어다닐 수 있으니까요. 제1차 세계대전 때는 암호가 적힌 비밀 쪽지를 전달했던 스파이 비둘기가 있었어요. 또 눈에 잘 띄지 않는 녹음기를 달고 사람들의 대화를 녹음하는 고양이도 있었고요.

돼지는 아주 냄새를 잘 맡는 동물이에요. 그래서 폭약이나 마약을 탐지할 수 있지요. 루이즈(1984~1998)는 경찰 역할을 한 최초의 돼지였어요. 루이즈는 천장이 낮은 지하실 곳곳을 돌아다니며 의심스러운 냄새를 맡으면 소리를 냈어요. 루이즈의 목에 달린 카메라는 모든 걸 촬영했지요.

개도 냄새를 잘 맡아요. 마약이나 무기를 탐지하도록 훈련받고 후각을 이용해 실종된 사람을 찾을 수 있어요.

쥐도 수색 작업에 투입돼요. 무너진 건물 더미 아래서 사람을 수색하는 훈련을 받아요. 쥐는 작고, 영리하고 동작이 빨라서 수색견이 갈 수 없는 장소에도 들어갈 수 있어요. 가끔 폭탄이나 지뢰를 찾는 데도

이용되지요. 캄보디아에서는 '마가와'라는 용감한 쥐가 최고 훈장까지 받았어요. 마가와는 자그마치 100개가 넘는 지뢰와 폭발물을 찾아냈거든요. 마가와의 몸무게는 1.2킬로그램이었고 길이는 70센티였는데 금속 탐지기보다 빨리 폭발물을 찾았어요. 폭발물을 찾으면 보상으로 맛있는 간식을 받았어요.

엘리의 취재는
어떻게 끝났을까요?

우리는 불법 동물 거래를 조사하면서 헝가리에서 네덜란드로 이어지는 판매 경로를 따라갔어요. 그리고 '개 사육사'라고 불리는 사람들의 집에도 들어갔어요. 그들은 동물 기르는 것을 직업으로 삼는 사람들이에요. 우리는 거기에서도 몰래 촬영했어요. 카메라를 가방에 넣거나 작은 카메라를 단춧구멍에 매다는 방법으로요.

우리는 그 안에서 강아지 수십 마리를 보았어요. 모두 다른 품종이었고 어미 개는 없었어요. 녹화된 영상은 나중에 법을 어긴 사람들을 처벌하는 증거가 되었어요.

안녕! 스티네 그리고 엘리,
물감이 떨어져서
이 그림을 완성할 수 없어.
미안해. 흐흐.

_ 마레이커

변명하고
거짓말하기

엘리의 이야기

벌금 고지서를 받고 싶은 사람은 아마 한 명도 없을 거예요. 그런데도 사람들은 빨간색 신호등을 무시하거나, 과속으로 달리거나, 운전하면서 전화 통화를 해요. 그러면서 항상 이렇게 변명하지요.

"아내가 병원에서 지금 출산 중이에요. 급해서 어쩔 수 없었어요!"

그러면 저는 이렇게 말하죠.

"당신의 인적 사항을 기록할게요. 그리고 저에게 이번 주까지 아기의 출생 카드를 보내 주면 이 벌금은 취소해 드리지요. 건강한 분만을 기원합니다!"

지금까지 일하는 동안 출생 카드를 딱 한 장 받았어요. 다른 '출산'은 전부 변명이었던 거죠.

변명해 본 적이 있나요?
언제, 왜 그랬나요?

페라(11살) 무엇에서 벗어나고 곤란한 상황을 피하려고 할 때 변명해요. 친구와 놀기 싫을 때 "방을 청소해야 해."라고 말하곤 했어요. 변명은 매우 편리해요. 하지만 친구들이 저에게 변명을 늘어놓으면 기분이 나빠요.

요나스(11살) 가끔 핑계를 댈 때가 있어요. 누가 저랑 놀고 싶어 하는데 제가 그럴 기분이 아니면, 너무 피곤하다거나 시간이 없다고 말해요. 놀고 싶지 않다고 말하기는 어려워요. 그러면 친구에게 상처를 줄 것

같아서요. 그걸 바라지는 않거든요.

아마두(9살) 저는 자주 변명을 해요. 최근에는 같은 반 친구에게 했어요. 친구가 우리 집에서 함께 놀고 싶다고 해서 제가 킥복싱 도장에 가야 한다고 말했어요. 저는 킥복싱을 배우지 않는데도요. 그렇지만 그 친구 마음을 상하게 하고 싶지 않았어요. 그런데 그 친구가 제가 거짓말한 걸 알고 화를 낼까 봐 한동안 불안했어요. 다행히 그런 일은 일어나지 않았고 아직 친구로 잘 지내요.

사라(10살) 저는 싫을 땐 싫다고 항상 정직하게 이야기할 거예요. 친구가 저에게 솔직하지 않으면, 매우 불편하니까요. 친구들이 저와 놀고 싶지 않다면, 안 놀면 돼죠.

거짓말이란 무엇일까요?

우리는 모두 종종 거짓말을 해요. 하루에 최소 한 번은 하지요. 운동 실력을 높일 수 있는 금지된 약물을 전혀 사용하지 않았다고 말했던 운동 선수들이 알고 보면 약물을 사용한 것이 밝혀지기도 해요.

내가 진실을 말하지 않는다는 것을 알면, 거짓말을 하고 있는 거예요. 일부러 진실을 왜곡하거나 정보를 감추어도 거짓말하는 거고요.

남자가 여자보다 거짓말을 더 많이 한다는 사실이 연구를 통해 밝혀졌어요. 성인 남자와 남자아이들은 다른 사람에게 더 멋지게 보이기 위해 과장하거나 거짓말을 해요. "내가 우리 반에서 진짜 최고야." 하고요. 반면에 여자아이들과 성인 여성은 자신을 약간 낮추는 편이에요. 대신 다른 사람에게 진심이 담기지 않은 칭찬을 해요. 다른 사람에게 호감을 받기 위해서죠. "와, 너 정말 예쁘다, 정말 잘 한다!" 하고 말이에요.

거짓말을 하면 정말 나쁜 걸까요?

선의의 거짓말

우리는 누가 "잘 잤어?", "오늘 하루 잘 해 볼까?" 혹은 "잘 지내?"라고 물을 때, 실제로는 전혀 그렇지 않은데도 대부분 "최고야!", "응, 그래." 혹은 "좋아."라고 대답해요. 이것을 '선의의 거짓말'이라고 해요. 아무에게도 해를 끼치지 않는, 사소하고 일상적인 거짓말이지요. 그러나 범죄 사실을 인정하지 않는 '악의에 찬 거짓말'도 물론 있어요.

거짓말하는 이유

사람은 여러 가지 이유로 거짓말을 해요. 흔한 것 중 하나는 벌을 피하기 위해서예요. "통에 있던 쿠키를 제가 다 먹어 치웠어요."라고 사실대로 말하면 꾸중을 듣거나 벌을 받는다는 것을 알기 때문이죠.

다른 이유는 누군가에게 뭔가를 알리고 싶지 않기 때문이에요. 부모님에게 말하고 싶지 않거나, 말할 엄두도 내지 못하는 것이죠. 학교에서 친구들이 쉬는 시간에 몰래 담배를 피우는 것을 봤다고 해 봐요. 부모님에게 그걸 말하면 부모님이 곧장 학교에 전화해서 일이 커질 테고, 담배를 피운 아이들이 '고자질쟁이'가 누구인지 찾아 나설까 봐 두려우니까요.

진실을 말하지 않는 것도 거짓말

그렇다면 말하지 않는 것도 거짓말하는 것일까요? 무엇인가 잘못했다는 것을 알면서도 일부러 입을 닫고 있다면 거짓말하는 거예요. 유명한 복제 화가 헤르트 얀 얀선은 피카소와 같은 유명한 화가의 그림을 그대로 따라 그려 많은 돈을 받고 팔았어요. 미술품 판매상이 그에게 물었어요.

"진짜 피카소 작품인가요?"

그러면 그는 "음……" 하며 대충 얼버무렸어요. 맞거나 틀리다고 정확하게 말하지 않고 애매하게 대답했어요. 이건 진실을 말하지 않았으니 거짓말을 한 거예요.

이마누엘 칸트와 제러미 벤담

거짓말을 바라보는 관점은 두 가지가 있어요.

첫 번째는 '거짓말은 항상 나쁘다.'라는 생각이에요. "우리는 사람으로서 절대로 거짓말을 하면 안 된다."라고 독일의 철학자 이마누엘 칸트(1724~1804)가 말했어요. 그는 사람은 거짓말을 함으로써 사람으로서의 가치를 잃는다고 판단했어요. 거짓말로 사람을 속이려고 하니까요. 그는 다른 사람이 나를 대해 주기를 바라는 대로 남을 대해야 한다고 했어요. 간단히 말하면, 남이 나에게 거짓말하는 것을 원하지 않으면, 나도 남에게 거짓말하면 안 된다는 거예요.

두 번째는 '거짓말을 하거나 안 하거나는 상황에 따라 다르다.'는 생각이에요. 영국의 철학자 제러미 벤담(1748~1832)은 어떤 상황에서는 거짓말이 매우 필요하고 좋을 수도 있다고 했어요. 거짓말하는 것이 항상 틀리고 나쁜 것이 아니라는 뜻이지요. 거짓말의 결과가 어떤 것인지를 언제나 반드시 생각해야 한다는 거예요.

가끔 거짓말로 좋은 상황이 일어나기도 해요. 적이 문을 두드렸을 때는 "저쪽으로 도망갔어요!"라고 정직하게 말하면 안 되니까요. 그러면 말하는 사람이나 도망자 모두 위험에 처하게 돼요. 따라서 전쟁 기간에는 다른 사람의 생명을 구하기 위해 거짓말을 해도 괜찮아요.

그렇다면 사람 관계에서는 어떻게 해야 할까요? 친구가 "새로운 머리 스타일 어때?" 하고 물으면 설사 어울리지 않는다고 생각하더라도 사실이 중요할지 아니면 우정이 중요할지 생각해야 해요. 그래서 "진짜 안 어울려."라고 말하는 대신에 "괜찮아, 독특하네."라고 답하는 거죠. 약간의 거짓말은 사람 관계를 좋게 하기 위해 필요하기도 해요.

"흠, 다른 미용실에 가는 게 좋겠어. 그리고 그 바지는 정말 안 어울려."라고 매번 아주 솔직하게 대답하면, 주변에 친구가 남아 있지 않을 거예요.

그렇다면 거짓말은 언제 나쁜 것일까요? 벤담은 거짓말로 누군가에게 상처나 피해를 줄 때, 그 거짓말은 좋지 않다고 말했어요. 교실에서 뭔가 없어졌고, 내가 의심을 받고 있을 때 물건을 훔친 친구가 빨리 사실을 털어놓지 않으면 내가 처벌을 받을 수 있죠. 이것은 나쁜 거짓말이에요.

거짓 증언

법정에 증인으로 나설 때는 서약을 해야 해요. 진실을 말하겠다고 약속하는 거죠. 그것을 법정에서 '선서'했다고 말해요. 그랬는데도 거짓 증언을 하면, 의도적으로 진실을 말하지 않는 거예요. 이것을 '위증'이라고 하고, 위증을 하면 감옥에 갈 수도 있어요.

또 판사가 증인으로 채택한 사람은 반드시 법정에 나와야 해요. 그렇게 하지 않으면 경찰이 연행할 수 있지요. 대답을 거부하면 체포될 수도 있고요.

하지만 증인의 말이 수사를 위해 긴급히 필요할 때만 그렇고, 예외는 있어요. 고소당한 사람이 가족이라면, 증인으로서 증언할 필요가 없어요. 혹은 직업상 비밀을 알고 있는 사람, 즉 의사나 변호사도 그렇게 할 필요가 없지요.

또 재판에서 아이들을 심문하는 일은 거의 없어요. 그것은 경찰서 조사에서만 가능해요. 그리고 16살 미만의 청소년은 선서할 필요가 없어요. 그러나 경찰이나 판사가 진실을 말해달라고 부탁할 수는 있지요. 물론 진실을 말하는 게 더 좋아요. 거짓말은 우리 몸에 나쁜 영향을 미칠 수 있거든요. 오랜 기간 거짓말을 하면 더 그래요. 거짓말을 계속하면 스트레스를 받고, 스트레스는 불면증 같은 질병을 가져올 수 있어요.

다른 사람이 거짓말하는 것을 어떻게 알 수 있을까요?

경찰은 거짓말하는 것을 알아내는 훈련을 받아요. 사람들은 거짓말을 할 때 코를 자주 만지죠. 스트레스로 코 주변에 피의 흐름이 바뀌기 때문에 코가 따뜻해지거든요. 거짓말을 하면 코가 길어지는 피노키오를 생각해 보세요.

어떤 사람은 거짓말을 할 때 손을 입에 대거나 손가락으로 눈을 비비기도 해요. 이런 행동은 긴장을 줄여 주거든요. 또 거짓말을 하면 다른 사람을 계속 쳐다보기 어려워요. 어떤 사람은 땀을 흘리고, 얼굴이 붉어지거나 입이 마르지요. 안절부절하거나 제대로 기억하지 못하고, 목 주변을 긁는 사람도 있어요. 이러한 모든 행동은 거짓말을 하는 스트레스 때문에 일어나요.

그렇지만 조심해야 해요. 누가 목 주변을 긁는다고 해서 반드시 거짓말을 하는 것은 아니에요. 하지도 않은 일을 했다고 계속 의심을 받아서 짜증이 난 걸 수도 있어요.

그래서 경찰은 자백 말고도 더 많은 증거를 수집해야 해요. 증인의 진술이나 영상이 증거가 될 수 있어요. 혹은 범죄가 일어난 장소에 있었다는 것을 암시하는 흔적(유전자, 지문)도 증거가 되지요.

경찰의 심문 기술

묵비권

경찰 앞에 범죄용의자(범죄가 확실하지는 않지만 조사가 필요한 사람)가 앉아 있어요. 경찰은 그 사람이 무슨 일을 했는지 알아내고 싶어 해요. 경찰이 용의자를 조사하려고 나누는 대화를 '심문'이라고 해요. 용의자는 경찰이 왜 자신을 의심하는지 알 권리가 있고, 경찰의 질문에 모두 대답할 필요는 없어요. 이것을 전문적인 용어로 '묵비권'이라고 하지요.

변호사 선임

용의자는 변호사를 선임할 권리가 있어요. 변호사는 용의자에게 해도 될 말과 해서는 안 될 말에 대해 조언해 주지요. 또 경찰이 용의자를 합당하게 대우하고 규칙을 잘 지키며 심문하는지 살피지요. 미성년자는 부모님이나 보호자 중 한 명을 심문에 참석하게 할 수 있어요. 이때 참석하는 사람은 18살 이상이어야 하고 조사 중인 범죄와 어떤 관련도 없어야 해요. 참석자는 심문을 방해해서는 안 되고 오로지 참관만 할 수 있어요.

취약한 용의자

물론 '취약한 용의자'도 있어요. 지적 능력이 낮거나 정신 질환을 가진 사람들이지요. 이들은 지금 무슨 일이 일어나는지 이해할 수 없기 때문에 자기를 보호할 수 없어요. 12살부터 16살까지의 청소년도 취약한 용의자예요. 청소년들은 다른 방법으로 심문해야 하지요. 이들을 너무 심하게 몰아붙여서는 안 돼요. 청소년들이 지나친 부담감을

견디지 못하면, 혐의에서 벗어나려고 하지 않은 일도 했다고 거짓 진술을 할 수 있거든요.

진술서는 '자유로운 상태'에서 작성되어야 해요. 체포되고 감금된 상태에서 '자유로운'이라는 단어는 적절하지 않지요. 따라서 경찰은 가능한 많은 증거를 찾아 용의자가 거짓말을 하는 것이 아무런 의미가 없다는 것을 알게 해야 해요.

거짓말 탐지기

경찰은 용의자가 거짓말하는지 알아내기 위해 거짓말 탐지기를 사용하고 있어요. 최초의 거짓말 탐지기는 '폴리그래프'예요. 1920년부터 수사에 사용되었어요. 폴리그래프는 심장 박동, 호흡, 혈압을 측정하는데 거짓말을 하면 수치가 상승했지요. 그런데 거짓말 탐지기는 차츰 사용되지 않았어요. 거짓말하는 사람들이 심문 받는 동안 혈압 등의 수치가 오르지 않도록 신체를 단련했기 때문이지요. 그럴 때는 거짓말 탐지기의 효과가 없어요.

그래서 경찰은 용의자의 거짓말이 탄로나도록 특별한 심문 기술을 사용해요. 용의자에게 많은 질문을 여러 번 반복해서 묻고 항상 같은 답을 말하는지, 진술이 바뀌지 않는지 살피는 거예요.

엘리의 조언

경찰 앞에서는 예의를 갖추고 자기 주장을 강하게 하지 않는 것이 현명해요. 그렇지 않으면, 상황이 더 나빠질 수 있거든요. 만약 경찰관의 기분이 좋은 날이라면 교통 위반 사실을 눈감아 줄 수도 있어요. 하지만 예의 없이 따지는 사람에게는 그런 가능성이 있기는 어렵겠지요?

〈누가 두더지일까?〉라는 프로그램에 출연했을 때, 저는 임무와 상관없는 말을 하거나, 말을 전혀 하지 않는 사람을 주목했어요. 두더지가 아닌 사람부터 찾아내야 진짜 두더지가 남기 때문이지요. 하지만 모든 참가자가 일부러 의심받게 행동했어요. 그래서 참가자들은 제가 두더지라고 생각했지요.

통신 규칙이
필요한 이유

엘리의 이야기

〈누가 두더지일까?〉라는 리얼리티 프로그램에는 모두 열 명이 참가해요. 참가자들은 다양한 미션을 수행하면서 팀워크를 발휘해야 하는데 그중 한 명이 비밀리에 팀을 방해하는 두더지 역할을 맡아요. 참가자들은 미션을 통해 상금을 모으고 두더지가 누구인지 찾아내야 해요.

두더지는 동물이기도 하지만 '훼방꾼'이라는 의미도 있어요. 매회 마지막에는 참가자들이 과연 누가 두더지인지 맞혀야 하고, 맞추지 못하면 탈락하게 돼요. 그리고 가장 많은 두더지를 밝혀낸 참가자가 상금을 차지하게 되지요.

제가 이 프로그램에 처음으로 출연했을 때, 참가자들은 무전기를 가지고 미션을 수행해야 했어요. 무전기는 멀리 떨어진 곳에서 서로 통화할 수 있는 기계예요. 그런데 사용하기가 쉽지 않았어요. 서로 먼저 말하려 해서 말이 뒤섞이고, 잡음이 들리고, 통화를 언제 끊어야 하는지도 몰랐죠. 계속 뒤죽박죽 이야기하는 바람에 아무도 상대방이 하는 말을 이해하지 못했어요.

물론 두더지는 그 상황이 아주 재미있었겠지요. 저는 견딜 수 없었어요. 그래서 무전기로 어떻게 서로 연락을 주고받아야 하는지 큰 소리로 또박또박 설명했어요.

무전기를 사용할 때는 '통신 규칙'을 지키는 것이 중요해요. 즉 짧고 명료하게 말하고, 뒤섞여서 말하지 않고, 할 말이 없으면 아무 말도 하지 않는 거예요. 메시지가 끝날 때마다 "오버"라고 말하고 대화를 마치고, 통신을 끊을 때는 "아웃"이라고 해요. 가끔 "이해했다", "맞다" 또 상대방이 이해를 잘 하지 못했을 때는 "반복한다"라고 해요.

알파벳을 말할 때는 나토(NATO) 알파벳을 사용해요. 무선 통신이나 소음이 많은 곳에서 의미를 정확하게 전달하기 위해서예요. 옆의 표에서처럼 A는 알파, B는 브라보, C는 찰리, D는 델타라고 말하는 거죠. 예를 들어 B와 V는 발음이 비슷하기 때문에 브라보, 빅터라고 해서 확실하게 구별하는 거예요.

경찰에서는 통신 규칙이 절대적으로 중요해요. 동료가 위험에 처해서 급하게 도움이 필요할 때 우왕좌왕하면 안 되니까요. 요즘 무전기에는 비상 버튼이 있어서 누르면 상황실로 바로 연결이 되죠.

*NATO 알파벳

A Alfa (알파)
·-

B Bravo (브라보)
-···

C Charlie (찰리)
-·-·

D Delta (델타)
-··

E Echo (에코)
·

F Foxtrot (폭스트롯)
··-·

G Golf (골프)
--·

H Hotel (호텔)
····

I India (인디아)
··

J Juliett (줄리엣)
·---

K Kilo (킬로)
-·-

L Lima (리마)
·-··

M Mike (마이크)
--

N November (노벰버)
-·

O Oscar (오스카)

P Papa (파파)
·--·

Q Quebec (쿼벡)
--·-

R Romeo (로미오)
·-·

S Sierra (시에라)
···

T Tango (탱고)
-

U Uniform (유니폼)
··-

V Victor (빅터)
···-

W Whiskey (위스키)
·--

X X-ray (엑스레이)
-··-

Y Yankee (양키)
-·--

Z Zulu (줄루)
--··

--- ·--- ··· · 모르스

-·-· ·--· ·· 부호

다른 사람의 대화를 엿들어도 될까요?

페라(11살) 저는 부모님의 대화를 가끔 엿들어요. 그런데 도청이라기보다는 함께 듣는 것이라고 할 수 있어요.

까미(9살) 갑자기 제 이름이 들리면, 귀를 기울여서 엿듣게 돼요. 누가 "까미가 무슨 운동을 하지?"라고 말하면 계속 들어요. 하지만 저에 대해 안 좋은 말이면 듣지 않아요.

아마두(9살) 학교에서 몰래 엿들었던 적이 있어요. 누군가 코피를 흘렸는데 우연히 일어난 일 같지는 않았어요. 그래서 그 애를 뒤따라가면서 누구에게 맞았는지 알아보려고 대화를 엿들었고 누가 때렸는지 알아내 선생님에게 알린 적이 있어요.

사라(10살) 제가 텔레비전을 보고 있을 때 옆에서 부모님이 얘기하면 무슨 말을 하는지 항상 궁금해요. 그때는 몰래 엿들어요.

경찰은 도청할 수 있을까요?

도청이 필요한 경우

혐의를 받는 사람을 도청하는 것은 때때로 필요해요. 하지만 언제나 허용되는 것은 아니에요. 네덜란드에서는 개인의 프라이버시가 중요하기 때문이죠. 검찰의 허가가 없다면 법정에서 증거로 사용될 수 없어요. 그래서 도청을 할 때는 반드시 검사의 승인이 있어야 해요. 이것은 법률에 규정되어 있어요.

경찰 조직에는 도청 장치를 설치하는 특수팀이 있어요. 그 일은 비밀리에 이루어지고 긴장감이 넘치지요.

도청 장치는 용의자의 집이나 자동차 안에 주로 설치해요. 도둑질은 아니지만 몰래 침입해야 하지요. 만약 용의자가 의심 받고 있는 범행에 관해 말하는 것이 녹음되었다면 그것은 재판에서 중요한 증거로 활용돼요.

엘리의 경험

저는 〈엘리는 순찰 중〉 프로그램을 만들기 위해 전 세계를 여행하며 18개 국가의 현지 경찰과 협력했어요. 콜롬비아, 캐나다, 케냐, 한국 등을 다녀왔고, 두바이에도 방문했어요.

두바이에는 경찰관이 없는 경찰서도 있었어요. 그 경찰서는 멋졌고, 최고급 커피머신과 어린이를 위한 장난감 자동차도 준비되어 있었죠. 그 경찰서에 들어가려면 관광객인지 그 지역 주민인지 확인하는 절차를 거쳐야 해요. 그다음 우리를 관찰하는 카메라의 안내를 받으면서 경찰서를 둘러볼 수 있어요. 궁금한 것이 있으면 화면의 버튼을 누르면 경찰이 등장해 질문에 답해 주지요.

찍히지 않을 권리

많은 나라의 고속도로에는 감시 카메라가 있어서 교통사고가 나면 즉시 구조대가 출동할 수 있어요. 가게, 주차장, 대도시 중심부, 심지어 개인의 주택이나 자동차에도 카메라가 설치되어 있지요.

이제 잘못된 일을 저지르면 카메라에 찍힐 확률이 점점 더 높아진 거예요. 이 모든 카메라는 경찰이 범인을 추적하는 데 절대적으로 필요해요. 하지만 이것이 우리 모두가 원하는 것일까요? 우리는 감시받는다는 걸 알기 때문에 조심스럽게 행동해요. 하지만 다른 한편으로는 앞에서 이야기한 것처럼 찍히지 않을 권리에 대해서도 생각해 봐야 해요.

암호 사용

제2차 세계대전 동안에는 많은 암호가 사용되었어요. 전쟁을 하는 나라는 적에게 자신들의 계획이 무엇인지 알리고 싶지 않기 때문에 암호를 이용했지요. 예를 들면 '거위가 날아갔다(미군이 런던에 무사히 착륙했다).' 혹은 '독수리가 11개의 날개를 잃었다(군인이 건너편에 도달했다).' 같은 문구도 있었어요.

또 비밀 정보원은 보이지 않는 잉크나 암호를 사용한 문서로 메시지를 전달했어요.

방학 때 가볼 만한 곳

독일 베를린에 있는 스파이 박물관에 가면 코드 언어에 대해 배우고 직접 해볼 수 있어요! 이곳에는 수백 년에 걸친 스파이의 역사와 기술 등 모든 것을 전시하고 있지요.

그 후 엘리는 어떻게 되었을까요?

저는 두더지가 누구인지 밝히는 데 성공하지는 못했지만 그 후로 사람들은 제가 알려 준 통신 규칙을 흥미 있어 했어요. 사람들은 NATO 알파벳으로 티셔츠를 만들었고, 블로그에 기사를 썼으며 벨기에까지도 알려졌지요. 축구 경기장 안내원들은 통신 규칙을 배우는 교육까지 받았어요.

통신 규칙은 경찰들에게는 꼭 필요한 규칙이에요. 요즘에는 무전기의 숫자 버튼을 눌러 '출동 가능', '출동 중', '현장 도착' 등을 표시하지요. 그래서 서로 직접 연락을 주고받는 일이 많이 줄었어요. 사실 통신 규칙은 무전기나 휴대전화로 통신하는 곳이라면 어디서나 중요해요. 항공사나 소방서도 마찬가지죠.

쌍둥이 범죄와
쌍둥이 경찰관

엘리의 이야기

저는 쌍둥이 언니 마르야보다 11분 뒤에 태어났어요. 의사가 엄마 뱃속의 저를 서둘러 꺼내려다가 그만 다리가 부러졌지요. 저는 태어난 후 첫 6주 동안 부목에 다리가 묶인 채 인큐베이터에 누워 있었어요. 정말 오래전이네요. 9개월간 쌍둥이 언니와 엄마 뱃속에서 함께 있었는데, 갑자기 아무도 없이 병원에서 혼자 지내야 했던 게 무척 슬펐지요.

그래도 집에 오자마자 사랑이 가득하고 따뜻한 가정에서 잘 자랐어요. 마르야 언니와 저는 항상 함께 지냈어요. 학교에 함께 갔고 같은 반이었고 같은 축구 클럽의 팀원이었죠. 우리는 중학교와 고등학교 때까지 같은 옷을 입고 다녔어요.

언니가 걸어갈 때, "엘리!"라고 하거나 내가 걸어갈 때, "마르야!" 하고 부르는 소리를 자주 들었어요. 우리는 일란성 쌍둥이라 너무 많이 닮아서 사람들이 헷갈려 했거든요. 우리는 이름을 어떻게 부르는지는 크게 중요하지 않았어요.

우리는 가끔 친구와 통화할 때 수화기를 서로 주고받았어요. 목소리

도 너무 닮았기 때문에 그 친구는 누구와 통화했는지 전혀 알 수 없을
정도였어요.

　마르야 언니도 경찰 수사과에서 근무했어요. 언니는 오랫동안 해결되
지 않은 사건을 담당했어요. 그것을 '미제 사건'이라고 해요. 지금은 암
스테르담 시의회에서 일해요. 경찰(politie)과 정치(politiek)는 네덜란드어
로 한 글자 차이지만, 둘 사이에는 큰 차이가 있어요.

유전자 증거

쌍둥이는 함께 범죄를 저지를까요? 그리고 둘 중에 누가 범죄를 저질렀는지 경찰이 모르는 경우도 있을까요? 물론이에요! 쌍둥이 형제가 함께 범죄를 저지르는 경우는 종종 있어요. 네덜란드에서는 쌍둥이 형제가 함께 주택에 침입했고, 독일에서는 쌍둥이 중 한 명이 엄청난 귀금속을 훔치는 사건이 있었어요.

같은 유전자

일란성 쌍둥이가 범죄에 관련되면 묘한 상황이 벌어져요. 일란성 쌍둥이는 같은 유전자를 가지고 있거든요. DNA는 '유전 물질' 또는 '유전 암호'라고 하는데, 머리카락 색깔과 눈동자 색, 피부색 등 우리의 모든 정보가 저장되어 있어요. 형사들은 범죄 현장을 조사해 유전자 프로파일을 만들어요. 그다음 그 유전자 프로파일이 경찰 자료에 이미 보관되어 있는지 확인해요. 경찰은 범죄자의 유전자 프로파일을 보관하고 있거든요. 모든 사람의 유전자는 다 다르기 때문에 유전자 프로파일이 밝혀지면 누가, 어디를 다녀갔는지 증명할 수 있어요.

경찰은 범인을 밝혀내기 위해 여러 종류의 유전자 증거물을 조사해요. 범죄 현장에서 희생자의 것이 아닌 누군가의 머리카락, 피부 각질, 침 혹은 피를 발견하면 그것을 조사해 누가 거기에 있었는지 추측할 수 있어요.

그런데 일란성 쌍둥이 중 한 명이 범죄를 저질렀고, 유전자 증거가 발견되었다면 유전자가 같기 때문에 두 사람이 용의자가 돼요. 두 사람 모두 무죄를 주장하면, 누가 범죄를 저질렀는지 알 수 없어요. 설사 두 사람 중 한 명이 체포되더라도 증거가 유전자뿐이라면, 변호사는 이들이 '같은 유전자'를 가지고 있기 때문에 증거물인 유전자가 쌍둥이의 형이나 언니 혹은 동생의 유전자일 수도 있다고 주장할 거예요. 이렇게 풀려나는 가해자들도 종종 있어요.

사람들의 안전이 먼저

그런데 쌍둥이 두 사람 모두 처벌받을 수도 있어요. 프랑스에서 일어난 일이에요. 누군가 총격을 받아 사망했고 쌍둥이의 유전자가 범행에 사용된 총기에서 발견되었어요. 판사는 선택해야 했어요. 두 사람을 모두 풀어 주면 위험한 일이 벌어질 수 있으니까요. 어쨌든 둘 중 한 명은 살인을 했고, 다시 범행할 가능성이 있었어요. 하지만 둘 다 처벌하면, 죄가 없는 한 사람은 억울하게 처벌을 받게 되겠지요.

쌍둥이 형제 중, 형이 동생을 억울하게 감옥에 가게 한 경우도 있었어요. 거의 20년이 지난 후에 진짜 범인인 쌍둥이 형이 자백을 했고 처벌을 받았어요.

그런데 프랑스 쌍둥이 사건에서 판사는 쌍둥이 형제 모두에게 처벌 판결을 했어요. 다른 사람들의 안전을 지키는 것이 먼저라고 판단한 거죠. 만약 죄가 없는 한 명을 잘못 처벌하면 죄를 지은 다른 쌍둥이는 자유롭게 돌아다닐 것이고, 범죄를 다시 저지를 수도 있기 때문이에요.

유전자 변이

하지만 최근에는 쌍둥이의 유전자를 구별하는 방법이 발견되었어요. 일란성 쌍둥이는 하나의 수정된 난자에서 시작되어서 유전자 구조는 같아요. 수정된 난자는 나누어져 두 개의 수정란이 되고, 더 많은 세포로 나누어지면서 성장해요.

그런데 이 과정에서 아주 가끔 오류가 일어나요. 그것을 '변이'라고 해요. 변이는 쉽게 말해 유전자 코드의 글자 하나가 바뀌는 거예요. 우리의 전체 유전자 수는 아버지의 유전자 30억 개 코드와 어머니의 유전자 30억 개 코드가 합쳐진 30억 쌍의 코드로 이루어져 있어요. 여기에서 변이 유전자 수는 겨우 5개에서 10개 정도지요. 따라서 일란성 쌍둥이의 차이를 발견하려면 오랜 시간 동안 매우 집중해서 검사해야 해요.

바꿔치기

신분 사기

쌍둥이는 매우 재미있어요. 서로 바꿔치기로 사람을 속일 수 있거든요. 하지만 재미로는 모르지만, 심하게 하면 안 돼요. 똑똑한 쌍둥이 여동생이 언니의 시험을 대신 치러 주면 안 되는 거죠. 이것을 전문적인 용어로 '신분 사기'라고 해요. 한 사람이 다른 사람인 척하는 것이죠.

이탈리아에서는 쌍둥이 두 명이 신분 바꿔치기를 했어요. 한 사람은 판사였고 다른 한 사람은 변호사였는데, 두 사람 중 한 명이 일할 수 없었을 때 나머지 한 명이 일을 대신했어요.

사람들은 한참 지난 뒤에야 그 사실을 알게 되었죠. 결국 그들은 함께 경찰서에 가야 했어요. 신분 사기 혐의로 고발당했거든요. 판사와 변호사는 완전히 다른 일을 하기 때문에 변호사가 판사인 것처럼 행세하면 안 돼요. 반대의 경우도 마찬가지고요.

운전자 흔적

얼마 전 네덜란드에서는 남자가 어떤 여자를 괴롭힌 혐의로 징역 3년을 구형받았어요. 여자는 숲속에서 산책 중이었는데 갑자기 남자가 다가와 위협하고 사라졌어요. 여성 피해자의 바지에서 유전자 흔적이 발견되었고 릭이라는 남자의 유전자와 일치했지요.

하지만 그는 일란성 쌍둥이였어요. 피해 여성은 쌍둥이 형제 중 범인을 구별해 낼 수 없었어요. 릭은 혐의를 부인했고 변호사는 유전자가 다른 쌍둥이 동생의 것일 수 있다고 주장했어요.

그런데 쌍둥이 동생도 혐의를 부인했죠. 네덜란드 과학수사연구원은 두 쌍둥이 형제 유전자의 다른 점을 찾아야만 했어요. 조사 결과

5가지 유전자의 차이를 발견할 수 있었지요. 결과적으로 그 여성의 바지에서 나온 유전자는 릭의 유전자와 같은 것으로 밝혀졌어요.

쌍둥이 경찰관

경찰에서 근무하는 일란성 쌍둥이도 있어요. 실제로 쌍둥이는 같은 직업을 선택하는 경우가 많아요. 쌍둥이는 같은 일을 하는 것을 재미있다고 생각해요. 같은 유전자를 가지고 있고, 자란 환경도 비슷하기 때문이에요. 또 쌍둥이 형제나 자매는 서로를 각별히 돌보는데, 이런 성격은 경찰 업무에 아주 적합해요.

사실, 이 책을 만드는 데 참여한 쌍둥이도 꽤 많아요. 엘리뿐만 아니라 스티네 그리고 일러스트를 그린 마레이커도 모두 일란성 쌍둥이거든요.

스티네의 여동생 로터는 작가예요. 엘리의 쌍둥이 언니 마르야도 경찰관이었죠. 그리고 마레이커의 언니 닌커도 그림 그리기를 좋아해요. 쌍둥이가 아닌 사람들에게는 신기한 일이죠.

**형이나 언니, 동생이 범죄를 저질렀다는
사실을 알게 되면 숨겨 줄 건가요?**

에바(10살) 저는 여동생을 숨겨 줄 것 같아요. 그리고 다시 그런 일을 하지 못하도록 할 거예요. 사탕을 훔치는 것 정도는 상관없어요. 엄마와 아빠가 알게 된다고 해도 내버려둘 거예요. 숨겨 주는 건 더 안 좋은 일일 때 할 거예요.

요나스(11살) 형이 정말로 안 좋은 일을 저질렀고 그 일을 다시 한다면 반드시 벌을 받아야 한다고 생각해요. 하지만 저나 엄마를 지키기 위해 나쁜 일을 저질렀고, 다시는 그렇게 하지 않을 거라는 것을 안다면 숨겨 줄 거예요. 범죄를 저지른 이유가 무엇인지에 따라 다르게 선택할 것 같아요.

페라(11살) 저는 숨겨 줄 거예요. 신고는 못할 것 같아요. 만일 오빠가 잡혀가게 되더라도 제가 신고했기 때문은 아니에요. 당연히 제 오빠니까요. 오빠가 누구를 때렸다면 화를 내기는 하겠지만 일러바치지는 않을 거예요. 그런데 저를 때린다면, 부모님에게 이를 거예요.

사라(10살) 아뇨. 저는 숨겨 주지 않을 거예요. 슬픈 일이지만 범죄를 저질렀다면 벌을 받아야 한다고 생각해요. 사람들이 모두 가족이라는 이유로 범죄인을 숨겨 준다면 더 큰 일이 생길 거라고 생각해요.

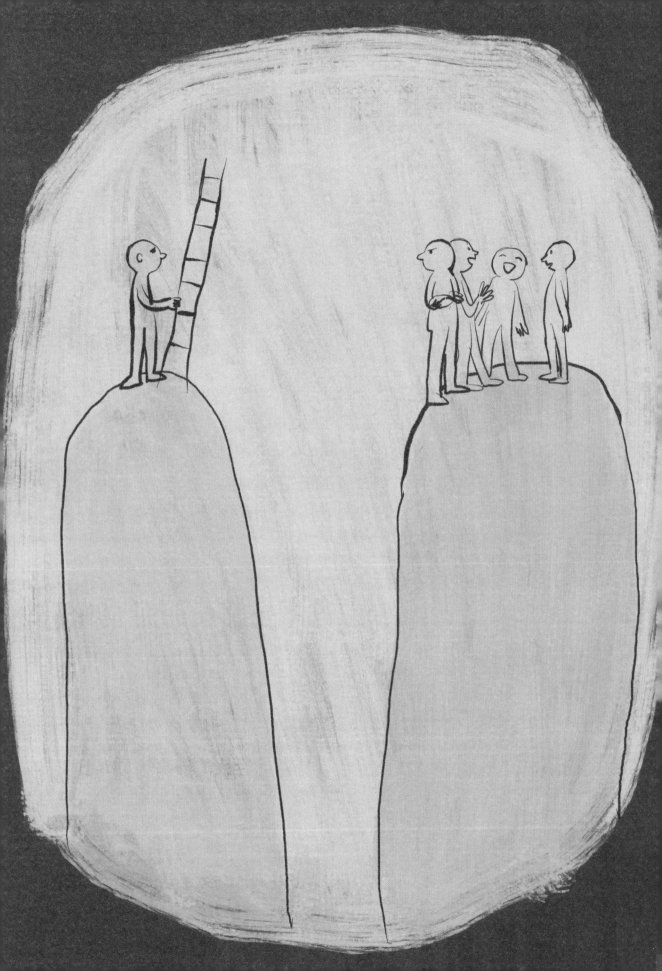

따돌림과 괴롭힘을 당할 때

엘리의 이야기

과거에 저는 괴롭힘을 당했어요. 언니 마르야와 오빠 얀도 마찬가지였고요. 언니와 저는 둘 다 안경을 썼고, 주근깨가 있었어요. 우리는 쌍둥이였고 같은 옷을 입고 다녔지요. 언니는 치아 교정기도 끼고 다녔어요. 엄마는 살림이 넉넉지 않아서 우리 머리카락을 직접 잘라 주었어요. 오빠는 '괴짜'라고 부를 만한 아이였어요. 머리는 빨간색이었고, 주근깨가 있었고 셔츠의 단추는 목까지 잠갔지요. 이 모든 것은 아이들이 우리를 괴롭히는 이유가 됐어요. 제가 다른 아이들과 어울릴 수 없었던 건 지금까지 남아 있는 가장 힘든 기억이에요.

때로는 집단 따돌림도 당했어요. 아이들은 친구와 함께 놀아야 하지만 저는 그렇지 못했어요. 다행스러운 건 우리 집은 사랑이 넘치고 따뜻했다는 거예요. 엄마와 아빠는 우리를 이 세상에서 가장 아름다운 아이들인 것처럼 사랑해 주었어요. 그래서 지금은 과거의 기억 때문에 괴로워하지는 않아요. 오히려 그 때문에 더욱 친절한 사람이 되었다고 생각해요. 저는 누구와도 잘 어울릴 수 있기 때문이지요.

경찰 업무는 괴롭힘과 관련이 많아요. 근무하던 경찰서 근처의 학교에서 어떤 아이가 괴롭힘 때문에 더 이상 살고 싶어 하지 않았어요. 그 사실을 알고 나서 큰 충격을 받았죠. 다행히 극단적인 일은 일어나지 않았고, 학교에서 그 아이를 괴롭히던 아이들과 부모님들이 대화를 통해 좋게 해결되었어요. 따돌림은 누군가를 힘들게 하고 목숨까지 끊게 할 수 있을 만큼 무서운 일이에요.

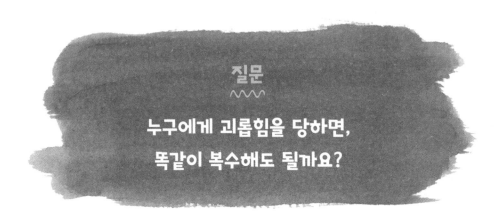

질문

누구에게 괴롭힘을 당하면,
똑같이 복수해도 될까요?

까미(9살) 아뇨. 현명하지 않아요. 학교에서 배운 것이 있어요. 아이들이 어떤 선생님을 놀리고 괴롭혔어요. 그런데도 선생님이 아무런 조치를 하지 않자 아이들은 점점 심하게 선생님을 놀렸지요. 우리는 자기를 위해 싸우는 것을 배워야 해요. 아니면 도와줄 수 있는 사람에게 도와달라고 요청해야 해요.

예세(10살) 음……. 복수하는 아이들을 이해할 수 있어요. 하지만 다른 방법으로 해결하는 게 나아요. 복수는 도움이 안 되니까요. 그렇게 하면 서로 기분이 나빠지고, 걷잡을 수 없게 되어요. 그냥 "그렇게 하면 안 돼!"라고 말하고 상대방이 "알았어. 그만할게."라고 말하면, 그것으로 끝나잖아요! 그것이 효과가 없다면, 어른을 부르면 돼요.

아마두(9살) 저는 절대 복수하지 않을 거예요. 선생님의 도움을 받는 게 나아요. 말싸움은 선생님이 해결해 줄 수 있어요. 그럴 때 선생님은 "서로 악수하렴!" 하고 말해요.

사라(10살) 약간의 놀림은 괜찮지만 괴롭히는 것은 안 돼요. "괴롭히지 마, 그만해!"라고 말하겠어요. 그 말이 통하지 않으면, 부모님과 상의할 거예요. 똑같이 복수하면 아주 심한 싸움이 벌어질 수 있어요.

페라(11살) 안 돼요. 복수하면 안 돼요. 괴롭힘을 당하는 기분이 어떤 것인지 잘 알거든요. 저도 전에 다니던 학교에서 괴롭힘을 당한 적이 있어요. 어떤 여자애가 제 얼굴에 계속 침을 뱉었어요. 다른 아이들에게도 그렇게 했고요. 하지만 저는 저를 위해 싸우지 않고, 그 자리를 떠났어요. 그리고 친구와 선생님에게 알렸어요. 선생님이 그 여자애와 이야기를 나누었고 잘 해결되었어요.

법에는 뭐라고 쓰여 있을까요?

모든 것이 괴롭힘이 될 수 있어요. 누구에게 욕을 하거나, 수업이 끝난 뒤에 기다리면서 두렵게 만들거나, 밀거나, 집단으로 괴롭히거나 소셜 미디어에서 다른 사람에게 험담하는 것들까지요. 특히 온라인에서 누군가를 괴롭히는 것을 '사이버 폭력'이라고 해요.

괴롭히는 것 자체는 법적으로 처벌 대상은 아니에요. 하지만 괴롭

힘 때문에 고통받는 사람들이 늘어나면서, 이제는 처벌 대상이 되어야 한다고 생각해요.

누군가를 때리면 그것은 처벌 대상이에요. 혹은 온라인에서 다른 사람의 알몸 사진을 공유하거나 차별하는 말로 다른 사람을 욕하거나 위협하는 경우도 처벌 대상이에요.

지금 괴롭힘을 당하고 있다면 경찰과 상의해 보세요. 괴롭힘에 어떻게 대응해야 할지 알 수 있어요. 경찰은 어떤 것이 처벌 대상이고 어떤 것이 처벌 대상이 아닌지 이야기해 줄 거예요.

누군가 괴롭힘을 당하고 있다면 다른 사람에게 먼저 알리는 게 좋아요. 선생님이나 부모님에게 말이에요. 또 아동 상담 전화에 전화를 걸 수도 있고 경찰에 직접 물어볼 수도 있어요.

괴롭힘에 맞서서 할 수 있는 것은 무엇일까요?

괴롭힘에 맞설 때

괴롭힘을 당하게 되면 어떻게 해야 할까요? 그리고 괴롭힘을 당하는 친구에게는 어떤 조언을 해야 할까요? 무조건 이를 악물고 참거나 자신을 가능한 한 드러내지 않도록 쥐죽은 듯이 지내야 할까요? 아니면 괴롭히는 친구에게 복수해야 할까요?

쉽게 답하기 어려운 문제예요. 나를 숨기면, 외로움을 느낄 수 있고 그렇다고 괴롭힘이 사라지지도 않을 거예요. 또 누군가에게 털어놓으면 그것이 밝혀져 더 괴롭힘을 당할 위험이 있어요.

이미 오랫동안 괴롭힘을 당하고 더 이상 참을 수 없는 순간이 오면 '더는 참을 수 없어. 내가 어떻게든 되갚아 줄 거야.'라고 생각하죠. 그 마음은 이해해요. 하지만 조심해야 해요. 상대를 괴롭히며 복수하면, 사실은 나 역시 똑같은 짓을 하는 거예요.

그래서 많은 철학자들은 복수하는 것을 말렸어요. "복수를 하면 원수와 똑같은 사람이 된다."라는 말도 있어요.

복수의 악순환

내가 괴롭힘을 심하게 당한다고 상상해 봐요. 그러면 누군가를 패 주고 싶을 만큼 화가 많이 나기도 해요. 하지만 그렇게 하면 안 돼요. 복수는 복수를 낳는 법이거든요.

셰익스피어의 소설 〈로미오와 줄리엣〉과 뮤지컬 〈웨스트사이드 스토리〉는 폭력을 폭력으로 맞서면 얼마나 심각해질 수 있는지를 보여 주는 이야기예요.

〈로미오와 줄리엣〉에서 캐퓰릿 가문과 몬태규 가문은 오랜 앙숙이에요. 몬태규 가문의 로미오와 캐퓰릿 가문의 줄리엣은 서로 사랑에 빠지지만, 가문 사이의 갈등 때문에 비극적인 죽음을 맞게 되어요.

〈웨스트사이드 스토리〉는 푸에르토리코 범죄 조직과 미국의 범죄 조직 사이의 싸움을 다루고 있어요. 두 조직은 서로 계속 복수를 해요. 여기서도 서로 다른 조직의 두 젊은이가 사랑하지만 비극으로 끝나죠. 이 두 이야기는 복수의 악순환에 빠지게 되면, 결국 죽음에 이른다는 것을 가르쳐 줘요. 오직 패배자만 남을 뿐이지요.

경찰 조직에서도 괴롭히는 일이 있나요?

핑크 인 블루

경찰 안에서도 항상 좋은 일만 있는 건 아니에요. 경찰 안에도 괴롭힘이 있어요. 인종차별적인 농담을 하거나 동성연애자를 범죄자 대하듯이 하는 사람이 있지요. 이런 괴롭힘이 계속되면 피부색이 다른 경찰이나 동성연애자 경찰은 스스로 사표를 내기도 해요.

경찰이라는 울타리 안에서조차 불안을 느끼면서, 바깥 세상을 안전하게 만들기 위해 최선을 다하기는 힘들어요. 경찰 조직 안에서 인종차별 등 괴롭힘에 맞서기 위해서는 당당하고 용기 있게 자신의 의견을 말해야 해요. 경찰에는 '핑크 인 블루'라는 특별팀이 있는데 이들은 성소수자들이에요. 남들과 다르다는 이유만으로 폭력이나 괴롭힘을 당하는 경찰관과 시민을 도우려고 노력 중이지요.

프라이드 암스테르담

네덜란드 암스테르담에서는 매년 8월, '프라이드 암스테르담'이라는 성소수자를 위한 축제가 열려요. 멋지게 장식된 보트를 타고 운하를 따라가는 큰 축제죠. 이 축제는 모든 사람이 있는 그대로 받아들여지는 것이 매우 중요하다는 것을 보여 주지요. 축제를 위해 경찰도 보트를 타고 15년 동안 참가해 왔어요. 사람들은 경찰 보트에 꽃을 던지며 사랑한다는 몸짓을 보내고 "당신들이 우리의 경찰입니다!"라고 외치기도 하지요.

성소수자들은 얼마 전까지만 해도 경찰을 두려워했고, 경찰에게 좋

지 않은 대우를 받았어요. 하지만 지금은 많이 달라졌죠. 그래도 누군
가 괴롭힘을 당하거나 차별받고 있는 것을 보면 모두 다 자리에서 일
어나 "그만둬!"라고 말해야 해요.

그 후 엘리는 어떻게 되었을까요?

결과를 보면 아주 최고로 특별한 경우예요. 저는 어릴 적에는 괴롭힘을 당했지만, 지금은 경찰로 근무하면서 소외되고 괴롭힘을 당하는 사람들을 돌보고 있으니까요. 지금 이 책을 읽는 독자 중에도 괴롭힘으로 고민하는 어린이가 있다면 하루빨리 벗어날 수 있기를 바랄게요.

괴롭힘은 반드시 지나갈 것이고, '이제는 끝났어.'라고 생각하며 뒤돌아볼 날이 올 거예요. 그날까지는 자신을 자책하지 말고, "지금 이대로의 내가 좋아."라고 말해요! 도움이 필요하면 기다리고만 있지 말고요.

그리고 혹시 누군가를 괴롭히고 있다면 이제 그만두어요. 괴롭힘은 사람을 힘들게 만들어요. 또 용기 있는 사람이라면 괴롭힘을 당하는 친구를 위해 나서 보세요. 그 친구에게 큰 힘이 될 거예요.

가난과 도둑질

엘리의 이야기

제가 8살 정도였을 때 학교에서 같은 반 친구의 돋보기를 훔쳤어요. 돋보기가 너무 좋아 보였거든요. 그 친구는 선생님에게 돋보기를 누군가 훔쳐간 것 같다고 말했어요.

"집에 가기 전에 다들 나에게 와서 주머니에 있는 것을 모두 꺼내 보이도록 해. 남의 물건을 훔치면 안 되니 돋보기를 돌려 주자."

선생님은 이렇게 말했어요. 저는 그때 들킬까 봐 두려움에 떨었던 느낌을 지금도 생생하게 기억하고 있어요. 등에서 땀이 났어요. 아이들은 한 명씩 선생님 앞으로 가서 주머니에 돋보기가 없다는 것을 보여 주었어요.

그런데 내 차례가 되기 직전에 선생님이 갑자기 이렇게 말했어요.

"아니다. 우리 모두 집에 가자. 그리고 돋보기를 가지고 있는 사람은 내일 꼭 돌려 주렴."

저는 그제야 안도의 한숨을 크게 쉴 수 있었지요. 저는 선생님이 시간이 너무 많이 걸려서 이렇게 말했다고 생각했어요.

집에 도착한 후 엄마에게 제가 한 짓과 무슨 일이 있었는지 설명했어요. 그때 엄마는 이렇게 말했어요.

"뭔가 깨달은 게 있지? 내일 돋보기를 돌려 줘라. 그 돋보기를 우리 집에서 보고 싶지 않아."

저는 다음 날 교실에 들어가면서 친구의 책상 위에 돋보기를 슬쩍 올려놓았어요. 몰래 가져갔다고 말할 용기는 없었으니까요. 물론 아무도 눈치채지 못 했죠. 그 뒤로 남의 물건에 한 번도 손댄 적이 없어요. 그때의 죄책감과 부끄러움을 다시 느끼고 싶지 않으니까요.

경찰에서 근무하면서 가게 절도범을 많이 붙잡았어요. 대부분 미성년 자들이었죠. 훔친 물건은 주로 화장품이나 사탕이었어요. 하지만 어떨 때는 비싼 의류도 있었어요. 절도범은 상품의 보안용 꼬리표를 아주 교묘하게 떼어냈어요. 이렇게 일부러 물건을 훔치면 정말 큰 잘못을 저지르는 거예요.

그런데 아이들과 이야기를 해보니 관심을 끌고 싶어 물건을 훔치는 경우가 많았어요. 집이나 학교에 문제가 있기 때문이었죠. 저는 어떻게 그들을 도울 수 있는지 방법을 찾아야 했어요.

먹을 것을 살 돈이 없을 때
빵을 훔쳐도 될까요?

사라(10살) 먹을 것이 없어서 죽을 것 같으면 그렇게 해도 되지만, 안 그러는 게 좋다고 생각해요. 남의 것을 훔치는 것이니까요. 구걸할 수도 있겠지요. 구걸하는 사람을 본 적이 있어요. 제가 돈을 주려고 했는데, 엄마가 말렸어요. 엄마는 그 사람이 거리에서 연주하거나 노래를 부르는 것처럼 뭐라도 하길 바랐어요. 저는 사람이 불쌍했어요.

페라(11살) 차라리 구걸해야 해요. 훔치는 것은 안 돼요. 가난이 무엇인지, 먹을 것이 없다는 것이 무엇인지는 잘 모르겠어요. 제가 정말 필요한 것이 있는데 아무도 도와주지 않는다면 훔치고 싶다는 생각이 들 것 같아요. 그렇다고 해도 눈에 바로 띄는 식빵이나 배추 몇 포기처럼 큰 물건은 훔치지 않을 거예요.

까미(9살) 안 돼요. 훔치는 건 안 돼요. 자동차 세차처럼 돈을 버는 일을 해서 빵을 사야 해요. 무스라는 어린이가 자선기금을 모으기 위해 달리기를 했다는 이야기를 책에서 읽었어요. 무스는 처음에 그 돈을 자기가 가지려고 했대요. 하지만 엄마가 식료품을 살 돈이 없는 가난한 사람들을 위해 자선단체에 기부해야 한다고 말렸어요.

예세(10살) 도둑질은 안 돼요. 푸드뱅크가 있잖아요. 그런데 푸드뱅크가 없는 나라에서 산다면, 어려운 문제네요. 국가가 이 문제를 해결하지 못하는 것을 이해할 수 없어요. 배가 고프면 훔칠 수는 있겠지만…… 그러면 안 돼요.

아무두(9살) 훔칠 수도 있어요. 사람은 누구나 먹어야 하니까요. 돈이 없으면 먹을 것을 살 수 없고, 그러면 죽어요. 어려운 상황이 되면 법을 어길 수 있다고 생각해요.

법에는 뭐라고 쓰여 있을까요?

법에는 남의 물건을 훔쳐서는 안 된다고 분명하게 명시되어 있어요. 하지만 선고하는 판사는 상황을 고려하기도 해요.

언젠가 네덜란드에 막 도착한 폴란드인이 배가 너무 고파 동네 슈퍼마켓에서 빵 한 개를 배낭에 몰래 감춘 적이 있었어요. 그는 돈을 내지 않고 도망가려고 했지만, 수상하게 여긴 직원이 배낭을 보여 달라고 하는 바람에 들켰지요!

그는 법정으로 가야 했어요. 그런데 판사는 무죄로 판결했어요. 그것은 '작은 위반'이었기 때문이에요. 즉 '경미한 범죄'를 말해요. 그는 징역형을 받지는 않았지만, 1년간 그 슈퍼마켓에 갈 수 없었어요. 하지만 그가 또다시 물건을 훔쳤을 때는 정말 벌을 받았어요.

그때는 그가 네덜란드에 이미 오래 살았고 푸드뱅크처럼 먹을 것을 구할 다른 방법을 알고 있었기 때문이에요. 그는 벌금 200유로와 일주일 보호관찰을 선고받았어요. 보호관찰은 당장 감옥에 가지는 않지만, 같은 범죄를 또다시 저지르면 징역을 살아야 한다는 것을 의미해요.

경찰은 무슨 일을 할까요?

경찰의 역할

경찰은 범죄가 아닌 위반을 저지른 경우에만 경고 이상의 조치를 취해요. 위반이란 빨간색 신호등일 때 길을 건너거나 운전하면서 전화 통화를 하는 것 같은 작은 잘못된 행동이에요. 범죄는 절도, 기물 파손, 폭행, 음주 운전이나 살인과 같이 매우 심각한 행동을 말해요.

예를 들어 누군가 빨간색 신호등을 무시하고 자동차를 몰면서 전화 통화를 하면 두 가지를 위반하는 것이죠. 경찰은 그 사람에게 한 가지 위반에 대해서만 벌금을 부과할지 아니면 두 가지 위반 모두에 대해 부과할지 결정할 수 있어요. 이것을 '경찰 재량권'이라고 하지요. 운이 나쁘면, 두 가지 위반에 대한 벌금을 내야 할 수도 있어요.

어떤 사람이 범죄를 저지르고 체포되면, 경찰서에서 조사를 받고, 조사를 바탕으로 검사가 기소 여부를 결정해요. 기소가 되면 법원에서 판결을 받아야 해요.

청소년의 범죄

네덜란드에서 절도나 기물 파손 등의 범죄를 저지른 12살에서 18살 사이의 청소년은 할트 재단으로 보내질 수 있어요. 할트 재단은 네덜란드의 청소년 범죄 예방 및 처벌 기관이에요. 할트 재단에서는 범죄를 저지른 청소년들에게 교육적인 처벌을 제공함으로써, 다시 범죄를 저지르는 것을 방지하고 사회에 긍정적으로 기여할 수 있도록 돕지요.

교육적인 처벌이란, 청소년들이 자신의 행동에 대한 책임을 지고, 피해자에게 사과하거나 손해를 배상하고, 사회봉사 활동으로 자신의 잘못을 바로잡는 거예요. 이 과정을 잘 완료하면 범죄 기록이 남지 않아요. 그러나 위반 행위를 했다는 사실은 경찰 시스템에 남아 있지요.

만약 청소년들이 할트 재단과의 약속을 지키지 않으면, 사건은 다시 검찰로 보내지고 벌금도 내야 하고 범죄 기록도 남아요. 그러면 나중에 일자리를 구하려고 '행동 증명서(VOG)'가 필요할 때 받을 수 없어요. 범죄의 결과는 이처럼 인생에 큰 영향을 미쳐요.

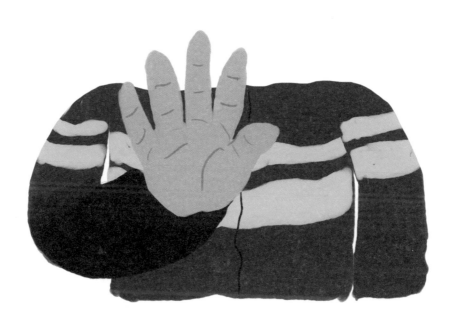

어느 정도면 가난하다고 할 수 있나요?

절대적 빈곤과 상대적 빈곤

하루를 1유로(약 1,500원)로 살아야 한다면 가난해요. 1유로는 매우 적은 돈이죠. 그런데 가난은 어느 나라에 살고 있느냐에 따라 달라지기도 해요. 네덜란드에서는 소득이 '최저 생계비'보다 적다면 가난하다고 해요. 최저 생계비는 한 달을 살아가는 데 필요한 최소 금액이에요. 네덜란드에서는 정부가 그 금액을 정해요.

매달 월세를 내고, 식품을 사고, 치통으로 치과에 가거나 교통비로 쓸 돈이 충분하지 않을 때 그것을 '절대적 빈곤'이라고 해요. 하지만 '상대적 빈곤'도 있어요. 최저 생계비보다는 많은 돈을 가졌지만, 주변 사람보다는 덜 가진 것을 말해요. 다른 아이들은 스마트폰을 가지고 있고, 비싼 옷을 입고 해외여행을 자주 가는데 나는 그럴 수 없다면 다른 친구와 비교해 '가난'하다고 느끼게 돼요.

어떤 나라에서는 학생들이 교복을 입도록 해서 이런 차이를 줄이려고 노력하고 있지요. 그러면 비싼 옷이나 브랜드 운동화 때문에 상처받지는 않을 거예요.

학교의 아침 식사 제공

네덜란드에서는 얼마 전부터 몇몇 학교에서 아침 식사를 제공하기 시작했어요. 매우 많은 어린이가 아침을 먹지 못하고 학교에 온다는 것이 밝혀졌기 때문이죠.

그 이유는 부모님이 너무 바쁘기도 하지만, 아침 식사를 준비할 비용이 부족한 집도 있기 때문이에요. 그런데 아침을 먹는 어린이와 먹지 못하는 어린이 사이에는 성적이나 건강에서 큰 차이가 발생했어

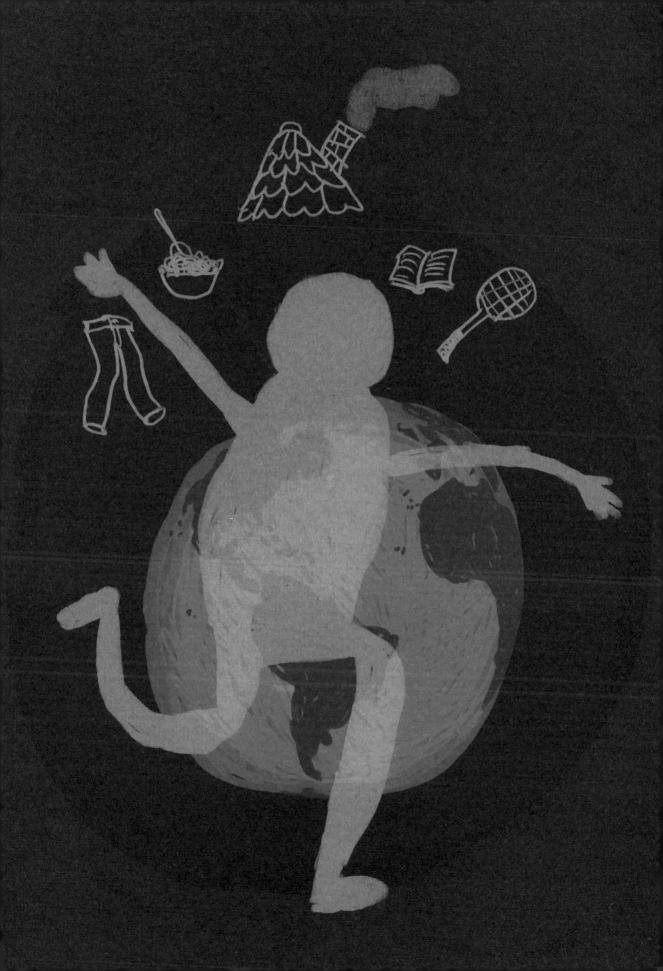

요. 이럴 때 학교에서 모든 어린이에게 아침을 제공하는 것은 좋은 해결책이에요.

세금 제도

가난한 사람이 먹을 것을 살 수 있도록 돕고 돈을 주어야만 할까요? 물론 가장 좋은 방법은 사람이 배가 고프지 않아 먹을 것을 훔칠 필요가 없는 사회를 만드는 것일 거예요. 모두가 충분한 돈을 가지고 있도록요. 하지만 그런 사회를 어떻게 만들어야 하는지에 대해서는 의견이 달라요.

많은 나라에서 돈을 많이 버는 사람이 더 많은 세금을 내는 제도를 시행하고 있어요. 그러면 세금으로 가난한 사람을 도울 수 있으니까요. 그러나 어떤 사람은 너무 많이 도와주면 사람들이 열심히 일하지 않게 된다고 생각하기도 해요.

무지의 베일

철학자 존 롤스는 공정한 사회를 만드는 방법으로 '무지의 베일'이라는 조건을 제시했어요.

무지의 베일은, 사회 제도를 만들 때는 지위, 능력, 성별, 인종 등 개인적 조건을 아무것도 모르는 상태에서 결정해야 한다는 말이에요. 우리가 어느 나라에서 태어날지 혹은 남자로 태어날지 여자로 태어날지 모른다고 생각해 봐요. 그럴 때 우리가 최소한으로 바라는 것은 무엇일까요? 우선 건강하고, 먹을 것이 있고, 잠잘 침대와 추위를 막아줄 살 집을 원하겠죠.

그다음으로는 학교에 가고 배울 수 있기를 원할 거예요. 그리고 재미있게 운동하거나 친구와 만나고, 꿈을 이룰 수 있기를 원하고 누군가를 사랑하고, 좋아하는 옷도 입고 싶어 할 거예요.

그런데 몸이 아프고, 먹을 것도 없고, 집도 없다면 학교에 간다거나 스포츠를 즐기는 것은 생각할 수도 없겠죠. 롤스가 무지의 베일을 통해 말하고 싶었던 것은, 가장 어려운 처지에 놓인 사람들의 삶을 돕는 것이 사회의 불평등을 줄일 수 있다는 거예요. 가난하다는 것은 단순히 먹을 것을 살 돈이 없는 문제뿐 아니라 수많은 걱정거리를 함께 가져다 주거든요.

알고 있나요?

　네덜란드 속담 중에는 "긴 손가락을 가지다."라는 표현이 있어요. 이것은 '도둑질을 하다' 또는 '남의 것을 훔치다'라는 의미를 가지고 있어요. 긴 손가락을 가진 사람은 훔치는 것을 그만둘 수가 없지요.

　사업가 버니 매도프는 사람들에게 돈을 투자하는 방법을 가르쳐 주면서 부자가 되었지요. 그가 사람들에게 설명하지 않은 것은, 받은 돈을 전혀 투자하지 않고 자기 호주머니에 모두 집어넣었다는 사실이에요. 사람들은 매도프를 믿었고 저축할 돈을 모두 그에게 맡겼죠. 마침내 그는 약 650억 달러의 돈을 사람들에게 훔쳤고 나중에야 붙잡혔어요. 그는 징역 150년을 받았고 감옥에서 사망했지요.

엘리의 또 다른 생각

"한 번 도둑은 영원한 도둑이다."라는 속담은 틀렸다고 생각해요. 한 번의 실수는 누구나 할 수 있어요. 그리고 그 실수를 만회할 수도 있고요. 우리는 모두 사람이에요. 실수 없는 사는 건 불가능해요. 그런 의미에서 무엇을 잘못했다고 말하는 용기를 가지는 것이 중요하다고 생각해요.

제가 청소년 센터가 있는 지역에서 근무할 때였어요. 그곳에는 이런저런 잘못을 저지른, 다루기 힘든 문제 청소년들이 많았어요. 마약을 하거나, 자동차를 부수고 심지어 주거 침입에 강도질까지 하는 아이들이었어요.

저는 아이들에게 저를 필요로 하면 언제나 함께하겠다고 말했어요. 그리고 아이들이 도움을 요청하면 앞장서서 도왔지요. 하지만 아이들이 법을 위반하면 저는 반대편에 있을 거리고 말했어요. 저는 경찰이었으니까요. 그래서 아이들에게 선택하라고 했어요. 그것은 좋은 방법이었어요. 아이들은 좋은 사람이 되기 위해 노력하고, 서로 친하게 잘 지내며, 물건도 훔치지 않겠다고 약속했어요.

집단에 속할 때 생기는 일들

엘리의 이야기

모든 집단은 저마다의 독특한 분위기가 있고, 함께 행동하는 것이 재미있다고 생각해요. 축구팀이나 배구팀처럼요. 한 학급이나 같이 게임을 하는 친구들도 집단이 될 수 있죠. 그런데 이때 '집단의 압력'이 생기면 잘못된 방향으로 갈 수도 있어요. 주로 집단 안에서 누군가 물건을 훔치자거나 누구를 괴롭히자고 제안할 경우에 말이죠. 그럴 때는 하기 싫어도 같은 모임이니까 함께해야 한다고 느껴요.

저는 경찰로 근무하면서 이런 일을 자주 접했어요. 한 번은 광장 주변에 사는 청소년들 때문에 불편을 겪는다는 주민들의 불만을 들었어요. 주민들이 잔소리라도 하면, 청소년들은 욕설을 내뱉었어요. 저는 그곳으로 가서 청소년들과 대화를 시도했어요. 한 명씩 만나 찬찬히 설득하면 대화가 잘 통했어요. 그렇게 동네에서 해도 되는 것과 하면 안 되는 것을 지키기로 약속했어요.

하지만 나중에 청소년 집단 전체와 만났더니 오히려 저에게 소리를 치는 거예요. 한 명씩 만나는 것과는 완전히 달랐죠. 그들은 집단으로

움직일 때 더 힘을 가지니까 같이 행동하고 싶어 하는 걸 이해할 수는 있어요. 그렇다면 집단 속에서 어떻게 자기 자신을 지킬 수 있을까요? 집단의 잘못된 일을 어떻게 하면 같이 하지 않을 수 있을까요?

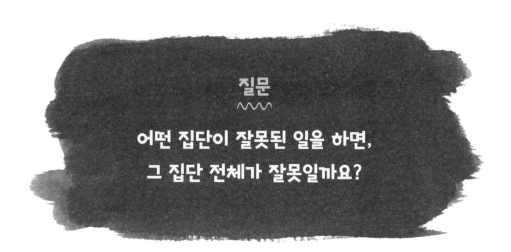

질문
〰️
**어떤 집단이 잘못된 일을 하면,
그 집단 전체가 잘못일까요?**

까미(9살) 선생님이 잠깐 교실에서 나갔을 때 누군가 선생님의 책 한 장을 몰래 찢었어요. 그렇게 하자고 말한 아이가 가장 큰 잘못이고 그 다음은 직접 찢은 아이예요. 하지만 말리지 않고 있었던 아이들도 조금은 잘못이 있어요.

아마두(9살) 집단 전체가 똑같이 잘못이에요.

사라(10살) 모두 똑같이 잘못한 건 아니에요. 그러니 제일 잘못한 아이가 벌을 더 많이 받아야 해요.

페라(11살) 아니에요. 누가 선생님 의자 위에 압정을 놓았다고 생각해

보면, 그렇게 한 아이가 가장 잘못했고, 그다음이 그렇게 하자고 한 아이예요. 그 생각이 재미있다고 말한 아이들도 약간 잘못했어요. 아무것도 안 한 아이들은 잘못이 없어요.

요나스(11살) 반 전체가 책임이 있다고 생각해요. 반 아이들이 그렇게 하도록 만들었으니까요.

법에는 뭐라고 쓰여 있나요?

함께 범죄를 저지르는 사람들

여러 사람이 함께 범행한다면 모두 똑같이 잘못일까요? 함께 범죄를 저지르는 사람들에 관해 여러 가지 사례가 있어요. 가끔은 조직적이기도 하지만, 대부분 얼떨결에 일어나기도 해요. 범죄 조직에 가담하면 법에 따라 처벌을 받아요. 범죄 조직은 함께 범행하는 것을 목적으로 협력하는 집단이에요.

어떤 집단은 아직 범죄를 저지르지는 않았지만 이미 범죄 조직이 될 수 있어요. 판사가 그 집단이 범행 계획이 있다는 증거를 확보하면, 그 집단은 이미 죄를 지은 거예요. 예를 들면 마약 범죄 조직, 테러 조직도 있고 청소년 범죄 조직도 있어요.

마요르카 사건

친구들이 함께 휴가를 떠났어요. 늦은 밤에 거리를 걷다가 다른 무리와 카페에서 말싸움을 시작했어요. 점점 커진 싸움은 몸싸움으로 이어졌고 발에 머리를 맞은 다른 쪽 청년이 목숨을 잃으면서 끝났어요.

이 경우 발로 머리를 찬 사람만 잘못한 것일까요? 아니면 친구들 전체의 잘못일까요? 문제가 되었던 친구들은 9명이었고 그중 8명이 이 사건으로 처벌받았어요. 판사는 9명 모두를 심판했지만, 전부 같은 처벌을 받지는 않았어요. 가장 폭력을 많이 사용한 청년이 징역 7년이라는 무거운 벌을 받았어요.

집단의 압박은 어떻게 작용할까요?

나만 다르고 싶지 않아

사람은 어딘가에 속하기를 원해요. 또 어떤 것에 대해 나만 다르다고 말할 용기를 내지 못하죠. 집단의 압박에 대한 많은 연구 중, 잘 알려진 실험 하나를 소개할게요.

여러 개의 줄이 놓여 있고, 그중에서 가장 짧은 줄을 선택하면 돼요. 분명 가장 왼쪽 줄이 가장 짧은데, 앞의 사람들 모두가 다른 답을 말한다면 당황할 수밖에 없죠. 고민 끝에 남들과 다른 답을 말하고 싶지 않아 '내가 잘못 본 걸 거야.'라고 생각하면서 앞 사람들이 말한 줄을 가리키게 되지요.

우리는 가끔 친구를 잃을까 봐 마음에 내키지 않는 행동을 할 때가 있어요. 학교에서 친구들 모두가 스마트폰이나, 자전거 혹은 유행하는 신발을 갖고 있으면, 나도 그것을 가지고 싶어지지요. 왜 그런지 이유는 모르지만, 모두가 어떤 것을 가지고 있으면 따라서 가지고 싶어지는 거예요.

긍정적인 집단의 압박

집단의 압박은 긍정적으로 작용할 수도 있어요. 학교 대항 운동 경기를 할 때면 승리를 하기 위해 친하든, 친하지 않든 학생 전체가 한마음으로 서로를 격려하게 되거든요.

엘리의 이야기는 어떻게 끝났을까요?

경찰은 청소년들과 직접 문제를 해결하는 편이 훨씬 편하다는 걸 알게 되었어요. 청소년들을 만나 광장에서 해도 되는 것과 하면 안 되는 것에 대해 스스로 결정하라고 했지요.

예를 들면, 몇 시까지 밖에서 시끄럽게 놀 것인지, 고함을 지르는 것과 문에 소변을 보는 것은 어떻게 할지, 음악 소리는 언제 줄일지, 쓰레기는 어떻게 버릴지 그리고 주변에 사는 사람들이 훈계할 때는 어떻게 반응할지를 말이에요.

그러자 청소년들은 자신들의 규칙을 만들었어요. 모두 그 규칙에 찬성했고, 주변 주민들도 환영했지요. 청소년들은 함께 결정한 사안을 잘 지켰고 모든 일이 순조롭게 진행되었으며 모두가 즐거울 수 있었죠.

선물일까?
뇌물일까?

엘리의 이야기

경찰은 많은 것을 경험하고 목격해요. 경찰은 즐겁지 않은 일로 자주 전화를 받고 가끔 힘들고 어려운 일도 있어요. 크리스마스 이브나 섣달 그믐날 밤, 혹은 생일인 날에 근무해야 한다면, 정말 싫을 거예요.

그렇지만 경찰은 아주 재미있고 특별한 직업이에요. 사건의 피해자를 돕거나, 도둑을 잡고, 죽어가는 사람을 구하는, 대단히 멋진 일이죠. 그럴 때는 제가 전혀 알지 못했던 누군가의 삶에 정말 중요한 사람이 될 수 있어요.

그들은 저의 도움을 아주 고마워하고 기쁘게 생각해요. 도움 받은 사람들은 너무나 고마운 나머지 케이크나 꽃다발을 경찰서에 가져오기도 해요. 물론 감사한 일이지만, 경찰은 선물을 받을 수 없어요. 어떤 제과점에서 케이크를 선물로 받으면, 그 제과점 사람들이 인도에 자동차를 주차해 놓고 눈 감아 달라고 부탁할 수도 있으니까요. 그럴 때면 받았던 케이크가 너무 맛있었기 때문에 부탁을 거절하기 어려울 거예요. 그러면 결국 케이크에 '매수'된 거죠.

그래서 어떤 선물도 받지 않는 것이 경찰의 규정이에요. 하지만 누가 경찰에게 꽃다발 하나로 고마움을 표하고 싶어 하면 한 번쯤 받아도 돼요. 그 사실을 상관에게 보고하면 아마도 "서비스 데스크에 올려놔. 그러면 우리 모두 볼 수 있으니까."라고 말할 거예요. 그러니까 예외도 있어요. 하지만 돈이나 다른 선물은 받을 수 없어요.

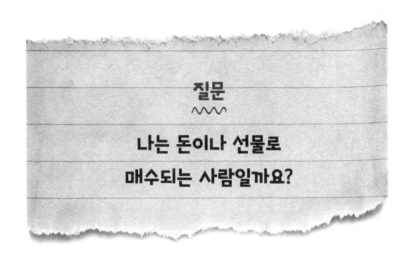

질문

나는 돈이나 선물로 매수되는 사람일까요?

까미(9살) 네, 누군가를 위해 큰 일을 하면, 큰 선물을 받아야 한다고 생각해요. 학교에서도 좋은 일을 하면 스티커를 받잖아요.

사라(10살) 제가 무엇을 해야 하고 무엇을 받느냐에 따라 달라요. 어렸을 적에 엄마가 어디 갈 때마다 심하게 울었어요. 그런데 울지 않았을 때 스티커를 받았어요. 몇 번이고 울지 않았더니 선물도 받았죠. 그것이 습관을 고치는 데 아주 많은 도움이 되었어요.

스티너(51살) 스릴러 영화를 제작하는 회사로부터 초콜릿으로 만든 권총을 선물로 받았어요. 멋진 선물이었어요. 그 뒤 저는 그 회사에 대해 좋은 평가만 했어요. 아무래도 좋은 선물을 받으면, 선물을 준 사람에 대해 분명히 덜 비판적이 된다고 생각해요.

페라(11살) 시험을 볼 때마다 선생님이 초콜릿을 저에게 준다면, 저는 계속 100점을 받을 것 같아요. 하지만 제가 중학교에서 가서 초콜릿이 없다면 어려움을 겪지 않을까요? 매수는 당하지 않는 게 나아요. 그래도 제가 작은 보상을 받기 때문에 뭐라도 하기는 할 거예요. 사탕이나 아이스크림을 먹고 싶으면 강아지 목욕을 시켜요. 보상이 있으면 덜 힘들거든요.

예세(10살) 아뇨. 저는 매수 당하지 않아요. 누군가의 비밀을 제가 알고 있고 다른 사람이 그 비밀을 말하면 보상해 주겠다고 해도 말하지 않을 거예요. 비밀은 비밀이니까요.

에바(10살) 네. 하지만 나쁘지는 않은 일이어야 해요. 솔직히 별로 하고 싶지 않은 일을 해야 할 때는 그럴 수 있어요. 아빠는 고모의 생일을 위해 케이크를 만들어야 한다고 했어요. 저는 진짜 하고 싶지 않았지만, 결국 만들었더니 아빠가 맛있는 것을 사 주었어요. 하지만 하면 안 되는 것을 해야 한다면 저는 매수될 사람이 아니에요.

법에는 뭐라고 쓰여 있을까요?

카타르 월드컵

매수는 법으로 금지되어 있어요. 누군가를 매수하려는 사람은 정직하지 않은 방법으로 이득을 얻기를 바라죠. 사람들은 일을 해결해 달라고 부탁할 때 선물이나 돈을 주어요. 2022년 카타르 월드컵을 앞두고 무슨 일이 있었는지 살펴볼게요.

카타르의 국왕은 월드컵 대회가 자기 나라에서 개최되길 원했어요. 하지만 카타르는 세계적인 축구 대회를 개최하기에는 너무 더웠고 적당한 축구 경기장도 없었어요. 월드컵 대회 참가 회원국이 모두 모여서 다음 월드컵 대회 개최 국가를 투표로 결정해요.

그런데 나중에 투표가 공정하게 이루어지지 않은 것으로 밝혀졌어요. 많은 사람이 돈과 시계로 매수 당해 카타르에 표를 주었어요. 하지만 그렇게 하면 안 되죠. 그러면 다른 나라들이 공정한 기회를 얻지 못하고, 돈을 가장 많이 가진 사람이나 큰 힘을 가진 친구를 둔 사람이 항상 이기니까요.

중립의 의무

매수에는 여러 가지 종류가 있어요. 카타르 월드컵은 '뇌물' 혹은 '뒷돈'이라 불리는 매수였어요. 몰래 돈을 주고 대가로 무엇인가 받기를 원하는 경우지요. 또 '부정부패'와 같은 것도 있어요. 부정부패는 직업이 가진 권한으로 돈을 받은 사람이나 자신의 가족, 친구에게 혜택을 주는 거죠. 이렇게 하면 당연히 안 돼요.

힘을 가진 사람에게서 선물을 받았나요? 그렇다면 조심해요. 무엇을 해결하게 하려고 선물하는 것은 좋은 생각이 아니에요. 이제 경찰이 왜 아무리 작은 선물이라도 받으면 안 되는지 이해할 거예요. 경찰은 중립을 지켜야 하고 아무것도 갚을 필요가 없고 어떤 것도 봐줄 필요가 없어요.

보상을 해 줄까요, 아니면 벌을 줄까요?

보상과 벌

다른 사람의 행동에 영향을 줄 수 있는 방법은 두 가지가 있어요. 즉 보상을 해 주거나 벌을 주는 거죠. 부모님도 이 방법을 사용해요. 우리가 스마트폰을 너무 오래 보고 있으면 야단을 맞고, 시험에서 백 점을 받았다면 맛있는 것이나 선물을 보상받기도 해요. 선생님들도 그렇게 하죠. 우리가 학교에서 무엇을 잘하면 스티커를 받고, 잘못하면 벌을 받아요.

우리는 보상을 받는 것을 좋아해요. 보상이 있으면 최선을 다하려고 해요. 그것은 개들도 마찬가지예요. 개는 무엇을 잘하고 나면 칭찬받기를 원해요. 우리는 그렇게 개를 복종하도록 훈련해요.

선물의 또 다른 의미

우리는 가끔 선물을 받아요. 모두 그런 것은 아니지만 선물에는 그것을 받고 무엇인가 해 주기를 바라는 마음이 담겨 있을 수도 있어요. 내가 어떤 역할을 해 주기를 바라는 사람도 있을 테니까요. 기업들은 무료 증정품을 나눠 줘요. 기업이 이렇게 하는 이유는 소비자가 언젠가 그 제품을 사 줄 것을 기대하기 때문이에요. 그렇게 선물은 우리에게 영향을 미쳐요.

우리들 대부분은 선물 받는 걸 좋아해요. 우리가 무엇을 꼭 가지고 싶어서가 아니라 누군가 나를 알아봐 주고 가치가 있는 사람이라고 느끼게 해 주기 때문이에요.

잘못된 행동의 결과

벌 받는 건 누구나 싫어하죠. 하면 안 되는 것을 하면 처음에는 경고를 받아요. 그걸 반복하면, 그때는 문제가 생겨요! 학교에서 무엇을 훔치거나, 싸우거나, 커닝 같은 잘못된 행동을 한다고 경찰을 부르지는 않지요. 학교에서 먼저 문제를 해결하려고 해요. 가끔은 부모님이 학교에 와야 해요.

하지만 학교 운동장에서 금지된 대형 불꽃놀이를 하거나 학교에 칼을 가지고 온다면 경찰서에 가야 할 수도 있어요.

표창과 포상

헌신에 대한 보상

경찰이 칭찬이나 상을 받기도 하나요? 물론이죠! 도둑을 현장에서 체포하면 동료들이 잘했다고 어깨를 두드리며 칭찬해 주죠. 네덜란드에서는 경찰로 12.5년, 25년 혹은 40년간 근무하면 근속상을 받아요. 기념 메달과 함께 포상금도 받지요. 나라에서는 이런 방법으로 오랫동안 경찰관으로 사회를 위해 헌신한 것에 감사를 표하는 거예요.

또 아주 특별한 공을 세우거나 영웅적인 행동을 하면 상을 받아요. 경찰의 명예 훈장이죠. 네덜란드 헤이그에 근무하는 경찰관 데니스는 세 명을 찌르고 달아난 범인을 자전거를 타고 추격해 검거한 뒤 명예 훈장을 받았어요.

범인을 추격하던 데니스 경찰관은 옆에 있던 시민에게 자전거를 빌려 달라고 했어요. 이럴 경우, 우리는 자전거를 경찰에게 줘야 할 의무가 있어요. 물론 시간이 지나면 자전거를 돌려받지요. 자전거가 망가졌다면, 새 자전거를 받을 수 있어요. 자전거 덕분에 데니스 경찰관은 범인을 따라잡을 수 있었고 범인의 다리에 총을 쏴서 체포했어요.

표창 받은 경찰견과 경찰마

가끔 동물도 표창을 받아요. 프랑스의 경찰견 디젤은 후각 탐지 능력으로 메달을 받았어요. 유감스럽게도 디젤은 나중에 테러리스트의 집을 급습할 때 총에 맞고 죽었지요. 경찰마도 종종 명예로운 표창을 받아요. 시위 현장의 돌과 불이 붙은 막대기, 소리를 지르는 사람들, 더위, 소음이 뒤섞여 혼란스러운 가운데에서도 흥분하거나 당황하지 않고 시민과 구호대원 그리고 동료 경찰관을 보호했거든요.

착한 일을 한다는 것

엘리의 이야기

'남들이 보지 않아도 옳은 일을 하는 것'은 경찰의 중요한 주된 업무예요. 경찰 제복을 입으면 함부로 사용해서는 절대 안 되는 권위를 가져요. 경찰은 항상 정직하고 거짓말을 해서도 안 되고 물건을 훔쳐도 안 돼요. 설사 제복을 입지 않고 있더라도 경찰은 사람들의 본보기가 되어야 하는 위치에 있어요.

그래서 근무 시간이 아니더라도 음주 운전을 하지 않고 음식점에서 싸움을 벌이지도 않고 남의 물건에 손대지 않으며, 마약도 하지 않아요. 그렇다고 경찰이 언제나 아주 모범적이어야 할 필요는 없어요. 왜냐하면 경찰도 사람이니까요. 실수도 하고 가끔은 벌금을 받기도 해요.

사람들이 하면 안 되는 것을 하고 있을 때, 옆에서 쓴소리를 한마디쯤 하는 것은 좋은 일이에요. 하지만 그럴 용기가 없다는 것도 이해할 수 있어요. 누가 자전거를 훔치는 것을 보았을 때 뭐라고 해야 할까요? 괜히 잘못 말했다가는 두들겨 맞을 수도 있어요. 하지만 범인의 사진이나 동영상을 찍어 곧바로 신고하는 건 할 수 있어요.

언젠가 사람들로 붐비는 버스 정류장에서 어떤 남자가 쓰레기통이 1미터 거리에 있는데도 담뱃갑을 땅바닥에 버리는 것을 봤어요. 그때 제복을 입고 다른 동료와 자전거를 타고 있던 저는 즉시 그 사람에게 한마디 했어요.

그러자 그는 고래고래 소리를 질렀어요.

"네가 무슨 상관이야?"

그래서 제가 말했죠.

"버스가 곧 도착할 것입니다. 하지만 당신은 저 담뱃갑을 주워서 쓰레기통에 버리기 전까지 버스에 탈 수 없어요. 할 말이 있으면 해 봐요."

그는 할 수 없다는 듯 억지로 담뱃갑을 주워 제대로 버렸어요.

그에게 벌금을 부과할 수 있었지만, 그걸로 충분히 배웠겠다 싶었어요. 버스를 기다리면서 서 있던 사람들이 저에게 윙크를 보내거나 엄지를 치켜들었죠.

바른 행동 배우기

미성년자가 범죄 행위를 저지를 때, 처벌이 항상 도움이 되는 것은 아니에요. 왜 자신의 행동이 잘못되었고, 다른 사람에게 어떤 영향을 미쳤는지 배우는 것이 더 중요해요.

네덜란드에는 앞에서 말한 할트 재단이 있어요. 범죄를 저지른 한 미성년자는 이곳에서 과제를 받고 감찰관과 대화를 나눠요. 그리고 피해자에게 용서를 빌어요. 또 피해를 어떻게 보상해 줄 수 있는지도 배우지요.

소년법원 판사는 죄를 지은 청소년이 형벌 대신 죗값을 치를 방법을 결정해요. 그래서 일부 범죄 청소년은 소년원에 가기도 하고 벌금형이나 보호 관찰을 받지요. 보호 관찰에는 사회봉사 명령 혹은 수강명령이 있어요. 벌금형은 범죄 청소년이 손해를 배상해야 하는 경우에 적용되어요.

범죄 청소년이 잘못을 뉘우치고 나아지려고 최선을 다하면 감형을 받을 수 있어요. 모든 것이 자신의 행동에 달려 있어요. 가장 중요한 것은 항상 다른 선택이 있다는 것을 배우는 거예요. 그리고 일시적인 쾌락과 돈을 위한 잘못된 선택에 더 이상 유혹당하지 않는 것이죠.

누군가를 직접 벌할 수 있을까요?

노르웨이에서는 테러리스트의 총격을 받아 사망한 아이의 아버지가 법정에서 범인에게 신발을 던졌어요. 그 테러리스트는 노르웨이의 섬에서 많은 사람을 총으로 쏴서 죽였지요. 그 아이도 희생자 중 한 명이었어요. 그 아버지의 고통이 얼마나 컸을지는 충분히 알 수 있어요. 그런데도 판사는 아버지에게 신발을 던지는 행동을 다시는 하지 말라고 경고했어요. 우리가 법을 직접 집행할 수는 없기 때문이에요. 그래서 판사가 필요하지요.

다른 예를 들어 볼게요. 7살짜리 아이가 자동차를 훔치려고 하는 도둑을 돌로 때렸어요. 그 도둑은 너무나 놀라서 곧바로 도망갔어요. 아이는 벌을 받기에는 너무 어렸어요. 어린이는 법에 따라 12살이 되어야 처벌을 받을 수 있거든요. 한편으로는 다행스럽기도 했고 많은 사람은 잘된 일이라고 말했어요. 하지만 절대 그렇게 하면 안 돼요.

돕는 것은 항상 옳을까요?

'옳은 일을 하는 것'이 항상 좋은지 아는 것은 쉬운 일은 아니에요. 물건을 훔친 도둑이 바로 옆에서 도망을 치고 있다고 상상해 봐요. 그때 다리를 뻗어서 도둑이 넘어지게 할 수 있을까요?

물론이죠. 하지만 그런 다음 자전거 체인으로 도둑의 머리를 후려칠 수는 없어요. 그건 너무 심한 폭력이기 때문이에요. 경찰이 올 때까지 다른 사람들과 함께 도둑을 붙잡아 둘 수는 있어요. 하지만 너무 많은 폭력을 사용하면, 도와준 사람도 경찰서로 가야 해요. 그래서 어려운 문제예요.

예전에 어느 음식점 주인이 음식점에 침입한 강도를 빗자루의 쇠손잡이로 너무 심하게 때려서 강도의 머리에 금이 가고 함몰되어 뇌동맥이 파열된 사건이 있었어요. 그것 때문에 음식점 주인은 법정에 서야 했지요. 하지만 판사는 주인이 정당방위를 한 것이므로 무죄를 선고했어요. 주인은 강도가 무기를 가지고 있을 것 같았고 음식점에 벌써 세 번이나 강도가 침입해 정말 두려웠거든요.

엘리의 현명한 충고

우리는 좋은 일을 계속하기 위해 서로 격려하는 것이 중요해요. 누군가 무엇을 잘못할 때는 기분 나쁘지 않게 지적해 주고 누군가 좋은 일을 하면 크게 칭찬해 주세요. 칭찬을 들으면 누구나 기분이 좋으니까요.

결국 이것은 사람이 서로를 대하는 태도에 대한 문제예요. 그렇게 된다면 언젠가는 경찰이 전혀 필요 없는 날이 오게 될지도 모르겠죠!